文物藏品定级标准图例

启功题签

《文物藏品定级标准图例》卷次

文物藏品定级标准图例

wenwu cangpin dingjibiaozhun tuli

造像卷

国家文物局国家文物鉴定委员会

文物出版社

本卷编者：

步连生　金　申　孙国璋

责任编辑：

李媛媛　冯冬梅

封面设计：

周小玮

责任印制：

王少华

英文翻译：

丁晓雷　盛　夏

图书在版编目（CIP）数据

文物藏品定级标准图例·造像卷/国家文物局，国家文物
鉴定委员会编. —北京：文物出版社，2011.1
　　ISBN 978-7-5010-2754-5

　　I.文…　　II.①国…②国…　　III.①历史文物-鉴定-中国-
图集②佛像-石刻造像-鉴定-中国-图集　　IV.K854.2-64

　　中国版本图书馆CIP数据核字（2009）第057595号

文物藏品定级标准图例·造像卷

国家文物局国家文物鉴定委员会 编

文物出版社出版发行
（北京市东城区东直门内北小街 2 号）
http://www.wenwu.com
E-mail:web@wenwu.com
2011年1月第1版　2011年1月第1次印刷
北京文博利奥印刷有限公司制版
文物出版社印刷厂印刷
889×1194　1/16　印张17.5
新华书店经销
ISBN 978-7-5010-2754-5
定价：380.00元

目　录

中华人民共和国文化部令

第 19 号

《文物藏品定级标准》已经 2001 年 4 月 5 日
文化部部务会议通过，现予发布施行。

部长　孙家正

2001年4月9日

文物藏品定级标准

根据《中华人民共和国文物保护法》和《中华人民共和国文物保护法实施细则》的有关规定，特制定本标准。

文物藏品分为珍贵文物和一般文物。珍贵文物分为一、二、三级。具有特别重要历史、艺术、科学价值的代表性文物为一级文物；具有重要历史、艺术、科学价值的为二级文物；具有比较重要历史、艺术、科学价值的为三级文物。具有一定历史、艺术、科学价值的为一般文物。

一、一级文物定级标准

（一）反映中国各个历史时期的生产关系及其经济制度、政治制度，以及有关社会历史发展的特别重要的代表性文物；

（二）反映历代生产力的发展、生产技术的进步和科学发明创造的特别重要的代表性文物；

（三）反映各民族社会历史发展和促进民族团结、维护祖国统一的特别重要的代表性文物；

（四）反映历代劳动人民反抗剥削、压迫和著名起义领袖的特别重要的代表性文物；

（五）反映历代中外关系和在政治、经济、军事、科技、教育、文化、艺术、宗教、卫生、体育等方面相互交流的特别重要的代表性文物；

（六）反映中华民族抗御外侮，反抗侵略的历史事件和重要历史人物的特别重要的代表性文物；

（七）反映历代著名的思想家、政治家、军事家、科学家、发明家、教育家、文学家、艺术家等特别重要的代表性文物，著名工匠的特别重要的代表性作品；

（八）反映各民族生活习俗、文化艺术、工艺美术、宗教信仰的具有特别重要价值的代表性文物；

（九）中国古旧图书中具有特别重要价值的代表性的善本；

（十）反映有关国际共产主义运动中的重大事件和杰出领袖人物的革命实践活动，以及为中国革命做出重大贡献的国际主义战士的特别重要的代表性文物；

（十一）与中国近代（1840—1949）历史上的重大事件、重要人物、著名烈士、著名英雄模范有关的特别重要的代表性文物；

（十二）中华人民共和国成立以来的重大历史事件、重大建设成就、重要领袖人物、著名烈士、著名英雄模范有关的特别重要的代表性文物；

（十三）与中国共产党和近代其他各党派、团体的重大事件、重要人物、爱国侨胞及其他社会知名人士有关的特别重要的代表性文物；

（十四）其他具有特别重要历史、艺术、科学价值的代表性文物。

二、二级文物定级标准

（一）反映中国各个历史时期的生产力和生产关系及其经济制度、政治制度，以及有关社会历史发展的具有重要价值的文物；

（二）反映一个地区、一个民族或某一个时代的具有重要价值的文物；

（三）反映某一历史人物、历史事件或对研究某一历史问题有重要价值的文物；

（四）反映某种考古学文化类型和文化特征，能说明某一历史问题的成组文物；

（五）历史、艺术、科学价值一般，但材质贵重的文物；

（六）反映各地区、各民族的重要民俗文物；

（七）历代著名艺术家或著名工匠的重要作品；

（八）古旧图书中具有重要价值的善本；

（九）反映中国近代（1840—1949）历史上的重大事件、重要人物、著名烈士、著名英雄模范的具有重要价值的文物；

或书法艺术水平高的；在工艺发展史上具有特别重要价值的。

五、铁器　在中国冶铸、锻造史上，占有特别重要地位的钢铁制品；有明确出土地点和特别重要价值的铁质文物；有铭文或错金银、镶嵌等精湛工艺的古代器具；历代名人所用，或与重大历史事件有直接联系的铁制历史遗物。

六、金银器　工艺水平高超，造型或纹饰十分精美，具有特别重要价值的；年代、地点确切或有名款，可作断代标准的金银制品。

七、漆器　代表某一历史时期典型工艺品种和特点的；造型、纹饰、雕工工艺水平高超的；著名工匠的代表作。

八、雕塑　造型优美、时代确切，或有题记款识，具有鲜明时代特点和艺术风格的金属、玉、石、木、泥和陶瓷、髹漆、牙骨等各种质地的、具有特别重要价值的雕塑作品。

九、石刻砖瓦　时代较早，有代表性的石刻；刻有年款或物主铭记可作为断代标准的造像碑；能直接反映社会生产、生活，神态生动、造型优美的石雕；技法精巧、内容丰富的画像石；有重大史料价值或艺术价值的碑碣墓志；文字或纹饰精美，历史、艺术价值特别重要的砖瓦。

十、书法绘画　元代以前比较完整的书画；唐以前首尾齐全有年款的写本；宋以前经卷中有作者或纪年且书法水平较高的；宋、元时代有名款或虽无名款而艺术水平较高的；具有特别重要价值的历代名人手迹；明清以来特别重要艺术流派或著名书画家的精品。

十一、古砚　时代确切，质地良好，遗存稀少的；造型与纹饰具有鲜明时代特征，工艺水平很高的端、歙等四大名砚；有确切出土地点，或流传有绪，制作精美，保存完好，可作断代标准的；历代重要历史人物使用过的或题铭价值很高的；历代著名工匠的代表作。

十二、甲骨　所记内容具有特别重要的史料价值，龟甲、兽骨比较完整的；所刻文字精美或具有特点，能起断代作用的。

十三、玺印符牌　具有特别重要价值的官私玺、印、封泥和符牌；明、清篆刻中主要流派或主要代表人物的代表作。

十四、钱币　在中国钱币发展史上占有特别重要地位、具有特别重要价值的历代钱币、钱范和钞版。

十五、牙骨角器　时代确切，在雕刻艺术史上具有特别重要价值的；反映民族工艺特点和工艺发展史的；各个时期著名工匠或艺术家代表作，以及历史久远的象牙制品。

十六、竹木雕　时代确切，具有特别重要价值，在竹木雕工艺史上有独特风格，可作为断代标准的；制作精巧、工艺水平极高的；著名工匠或艺术家的代表作。

十七、家具　元代以前（含元代）的木质家具及精巧明器；明清家具中以黄花梨、紫檀、鸡翅木、铁梨、乌木等珍贵木材制作、造型优美、保存完好、工艺精良的；明清时期制作精良的髹饰家具，明清及近现代名人使用的或具有重大历史价值的家具。

十八、珐琅　时代确切，具有鲜明特点，造型、纹饰、釉色、工艺水平很高的珐琅制品。

十九、织绣　时代、产地准确的；能代表一个历史时期工艺水平的具有特别重要价值的不同织绣品种的典型实物；色彩艳丽，纹饰精美，具有典型时代特征的；著名织绣工艺家的代表作。

二十、古籍善本　元以前的碑帖、写本、印本；明清两代著名学者、藏书家撰写或整理校订的、在某一学科领域有重要价值的稿本、抄本；在图书内容、版刻水平、纸张、印刷、装帧等方面有特色的明清印本（包括刻本、活字本、有精美版画的印本、彩色套印本）、抄本；有明、清时期著名学者、藏书家批校题跋、且批校题跋内容具有重要学术资料价值的印本、抄本。

二十一、碑帖拓本　元代以前的碑帖拓本；明代整张拓片和罕见的拓本；初拓精本；原物重要且已佚失，拓本流传极少的清代或近代拓本；明清时期精拓套帖；清代及清代以前有历代名家重要题跋的拓本。

二十二、武器　在武器发展史上，能代表一个历史阶段军械水平的；在重要战役或重要事件中使用的；历代著名人物使用的、具有特别重要价值的武器。

二十三、邮品　反映清代、民国、解放区邮政历史的、存量稀少的；中华人民共和国建国以来具有特别重要价值的邮票和邮品。

二十四、文件、宣传品　反映重大历史事件，内容重要，具有特别重要意义的正式文件或文件原稿；传单、标语、宣传画、号外、捷报；证章、奖

章、纪念章等。

　　二十五、档案文书　从某一侧面反映社会生产关系、经济制度、政治制度和土地、人口、疆域变迁以及重大历史事件、重要历史人物事迹的历代诏谕、文告、题本、奏折、诰命、舆图、人丁黄册、田亩钱粮簿册、红白契约、文据、书札等官方档案和民间文书中，具有特别重要价值的。

　　二十六、名人遗物　已故中国共产党著名领袖人物、各民主党派著名领导人、著名爱国侨领、著名社会活动家的具有特别重要价值的手稿、信札、题词、题字等以及具有特别重要意义的用品。

　　注：二、三级文物定级标准举例可依据一级文物定级标准举例类推。

《文物藏品定级标准图例》前言

依据《中华人民共和国文物保护法》，1987 年中华人民共和国文化部颁布《文物藏品定级标准》，经过多年的实践检验，证明该项标准是基本可行的，但要补充与进一步完善。

国家文物鉴定委员会在多年的文物鉴定工作中积累了丰富的经验。1997年 3 月，受国家文物局的委托，开始对《文物藏品定级标准》进行修改，国家文物鉴定委员会多次组织专家，历经三年，终于在二十世纪末提出修改方案。经国家文物局反复审核，报经文化部批准，于 2001 年 4 月颁布实施。为了提高文物管理水平，改善、提高对文物鉴定工作的监督作用，早在1997年 3 月，国家文物局就授权国家文物鉴定委员会编辑出版《文物藏品定级标准图例》。

此次颁布实施的修订后的《文物藏品定级标准》规定：珍贵文物中，具有特别重要历史、艺术、科学价值的为一级文物；具有重要历史、艺术、科学价值的为二级文物；具有比较重要历史、艺术、科学价值的为三级文物；一般文物为具有一定历史、艺术、科学价值的文物。2002 年修订后的《中华人民共和国文物保护法》第三条规定，可移动文物分为珍贵文物和一般文物；珍贵文物分为一级文物、二级文物、三级文物。文物级别的区分，从法律上予以了确认。

国家颁布的文物保护法第四章规定："博物馆、图书馆和其他文物收藏单位对收藏的文物，必须区分文物等级，设置藏品档案，建立严格的管理制度。"

第七章规定"有下列行为之一，构成犯罪的，依法追究刑事责任：

（一）盗掘古文化遗址、古墓葬的；

（二）故意或者过失损毁国家保护的珍贵文物的；

（三）擅自将国有馆藏文物出售或者私自送给非国有单位或者个人的；

（四）将国家禁止出境的珍贵文物私自出售或者送给外国人的；

（五）以牟利为目的倒卖国家禁止经营的文物的；

（六）走私文物的；

（七）盗窃、哄抢、私分或者非法侵占国家文物的。"

执行以上各条款，首先要区分文物等级，因此，文物定级既是文物管理工作的前提和基础，又是打击文物犯罪的犀利武器。实施一切保护文物的法律法规，它的技术前提首先是文物定级。

文物是人类历史文化的遗存物，从不同的领域或侧面反映出历史上人们认识世界、改造世界的状况，是研究、认识人类社会历史的可靠凭证。文物是历史长河中同类物品的幸存者，只有文物能够突破时间和空间的限制，给历史以可以触摸的质感，并成为历史知识与历史形象的载体。文物所具有的认识作用、教育作用和公证作用，构成了文物特性的表现形式。由于文物具有这种特性，所以每件文物都是多种历史信息的综合载体。它所承载的信息量及珍贵程度因物而异，因此文物才可以定级别，才有确定级别的依据。

多年实践经验告诉我们，在运用文物藏品定级标准时，要考虑该类文物藏品的存量、分布、现状、功能、制作及工艺水平，质地和流传经过等诸多因素，进行综合评定。

文物的级别是一个区间。同一个区间，也就是同一个级别的相类文物可有一定差异，换言之，可有其上线及下线。两个相邻级别之间，有着一定的模糊度，有些差异难于量化表现。在文物鉴定工作中，准确的定级是鉴定工作的至高点，也是鉴定工作的归宿。

为了更好地贯彻执行修改后的《文物藏品定级标准》，国家文物鉴定委员会按照国家文物保护法的要求，依据修订后的《文物藏品定级标准》，编纂了《文物藏品定级标准图例》。这套图书具有学术性、实用性和权威性。全书 25 卷，含 37 类文物。为编纂此书，国家文物鉴定委员会聘请了几十位专家，他们将多年的经验积累，注入了本书的编写工作之中。每册书稿都经过集体讨论和审定，通过图例形式对《文物藏品定级标准》进行较为准确的形象解释。这将有利于推进国家颁布的《文物藏品定级标准》的实施，使文物藏品的分级管理得到进一步完善，对社会流散文物的管理则会得到进一步加强。由于提高了文物定级工作的透明度，将有利于公正执法。

我国历史悠久，幅员辽阔。各地文物藏品的数量、品种、质量极不平衡；各地的文物鉴定工作者在人数、业务水平，以及各自的阅历、素质上，也存在着一定的差异。在去伪存真的前提下，在执行、运用文物藏品定级标准过程中，往往会出现差距，有时甚至出现很大差距。久而久之，在事实上则出现了地方标准和单位标准，这对文物的管理和保护工作十分不利。此套图书的出版发行，将有利于克服这一现象。

在编辑出版此书的过程中，得到了有关博物馆（院）、文物研究与收藏单位的大力支持，得到了很多文博专家、学者的帮助。在这里特别要向鼎力支持过本书的已故的 启功 、 刘巨成 、 史树青 、 朱家溍 先生表示深切地怀念。

随着我国文物事业的发展，文物藏品定级工作还会出现新情况、新问题，希望各位专家和读者在阅读使用此书的过程中，提出宝贵意见，以使其日臻完善，这是我们所期盼的。

刘东瑞

2005 年 8 月

《文物藏品定级标准图例》凡例

一　《文物藏品定级标准图例》（简称《图例》）是一套图例系列丛书，按类别分卷。或按质地，如《玉器》、《铜器》；或按功能、用途，如《鼻烟壶》、《印章》；或按艺术品种，如《绘画》、《书法》等。

二　每卷前面所载《文物藏品定级标准》作为本卷《图例》选录的依据。

三　《图例》收录范围，各类根据实际情况确定。如《玉器》选录自新石器时代至1949年以前，《鼻烟壶》选录自清代至1949年以前。

四　每卷内容分为珍贵文物与一般文物两部分。珍贵文物又分为一、二、三级，每个级别所选器物尽量照顾时代与品种。一件文物的图片对其表现完好，文字未注明有损伤，则此物完好。

五　同一类别中相同或相似的文物有明确出土地点的（如墓葬、遗址、地层、水域等），有重要流传经过的，蕴含重要情节的，或与重要历史事件、历史人物相关的，则可适当提高其品位。能否影响文物级别，视具体情况而定。

六　每件文物图片之下均有言简意赅的文字说明。年代一般只注朝代或考古时期。历史纪年用旧纪年夹注公元纪年。公元1000年以前的加"公元"二字，如南朝（公元420～589年）；公元1000年以后的不加，如明永乐（1403～1424年）、清乾隆二年（1737年）；公元前的加"公元前"三字，如西汉建元二年至元光元年（公元前140～前134年）；不便用旧纪年的，用公元纪年或世纪表示。

七　数据均按中华人民共和国法定计量单位书写。

造像卷序

　　佛教艺术是佛教文化的重要载体之一，故佛教称为像教，可见佛像在佛教中占有多么重要的位置了。佛造像公认的产生时代，应该已有两千年左右的历史，时间跨度极大；地理上可以说分布于整个亚洲范围内，分布地域广阔，信奉的民族众多，随手翻翻佛教史籍，历代高僧传之类的书，里面关于塑造佛像、绘制壁画、建寺起塔之类的记载，真是极为丰富浩瀚，令人有读之不能穷尽之感。

　　道教像受到佛教造像的很大影响，在北朝时已有制作，甚至有的道教神像和佛像同时雕刻在一块造像碑上。唐代以后，道教得到很大发展，造像活动也逐渐兴盛，根据其信仰宗旨和其美学思想，道教造像也形成了自己独特的制作模式、规范和艺术风格。宋元时代，道教造像艺术已达到相当高的水平，人物形象个性分明，表情丰富，性格突出，衣纹洁简，刀法粗犷，不论是艺术表现手法还是工艺技巧，都对中国的雕塑艺术发展有着重要的影响。明清以后，道教造像艺术进一步纯熟，造像的身份明确，工艺完美。道教是多神教，其神仙种类很多，造型各异。如雍容端庄的玉皇大帝，慈善温厚的土地公，威严的张天师等等。

　　佛、道造像是人们崇奉的法物，供奉祈福，以求平安，古代还没有人是出自爱好而收藏佛道造像的，这和书画、青铜器等不同。见于史籍的，至迟在唐朝，人们即已开始收藏书画，例如唐张彦远《历代名画记》中就记载了不少这方面的事例。北宋时开始收藏瓷器，可见陆游《老学庵笔记》。至于明清以来，收藏书画、金石、文玩等更是为人称道的雅事。但造像因属宗教法物，一般人多少心存敬畏，所以一直到清代，各种文物收藏家都有，却很少听到有专门收藏佛、道造像的。

　　早在宋代，金石学家赵明诚的《金石录》中就已经著录了北朝和唐宋的

造像碑。清乾嘉时期，金石考据学兴盛。金石学家对钟、鼎、碑刻文字广为注意，许多铜石造像因有文字题记，故被金石学家加以著录，如《金石萃编》、《环宇访碑录》、《中州金石记》等都著录了不少佛、道造像。小型铜造像往往上面也有铭文，也就被金石学家所注意，因此也著录了一些小造像。可以说这就算是人们研究或收藏佛、道造像之始。近代的金石学家马衡所著《凡将斋金石论丛》，陆和九著《金石学讲义》以及卫聚贤等都提及了佛、道造像的研究。

这些单尊流散的各类造像，由于脱离了当年供奉的环境，缺乏可靠的断代依据，有的即使有铭文题记，也不能完全凭信。因此，对这些造像的研究、鉴定就要凭借着各方面的因素加以综合判断了。真品佛、道造像年代久远，做工精美，具有很高的艺术性，受到收藏家的追捧。特别是制作精美的金铜造像，价格不菲，从清末民国至今伪作佛像甚多，连世界各国公私博物馆中亦鱼目混珠，在所难免，使博物馆和收藏家都面临着佛像辨伪的严峻问题。

在全国各地的公私博物馆和文物单位都收藏有佛、道造像，由于数量众多，质地不同，神格各异，时代跨度大，至今尚缺乏系统的整理和研究。为了便于科学地整理和深入研究这些佛、道造像，我们依据《文物藏品定级标准》，将部分馆藏中的佛、道造像藏品有选择地集录了一、二、三级和一般文物的图像，编成此书。

佛造像的质地有铜、石、木、泥塑等等，种类繁多。除去石窟造像外，单尊像中以石佛像为最具代表性。南北朝的单尊石佛造像主要有三个大的制作中心，就是山东的青州、河北的曲阳和四川成都。不谈这些石佛像的产生背景，这三大系统的石佛像都地域特色浓厚，风格鲜明，艺术水平达到了炉火纯青的境界。这些造像无疑成了今天鉴定流散单尊石佛像的标准器。

少数民族地区的造像，有的尽管不是鎏金挂彩，金碧辉煌，但是很能代表某一时代、某一流派的地方风格，有窥豹一斑的效用，是极有用的研究资料。对这类造像的定级，要结合本地区的实际情况，从有利于保护的角度出发，科学掌握。

一级文物定级举例

图版14，石贴金彩绘佛造像，北魏晚期（公元525～534年），高134厘

米，宽90厘米。山东省青州市七级寺遗址出土，山东省青州市博物馆藏。

主尊螺发、高肉髻，面相清瘦，内着僧祇支，外穿褒衣博带式袈裟，局部贴金，立于圆形座上。头后饰双层莲瓣及同心圆项光，火焰纹身光，内雕七身飞天。两侧二胁侍立于莲台上。比例匀称，雕工精美，是青州地区北魏时代菩萨造像的代表作，具有特别重要的历史、艺术价值，定为国家馆藏壹级文物。

南朝佛造像保存数量极少，颇可重视。

例如图版11，石康胜造释迦牟尼像，南朝·梁·普通四年（公元523年）。高37厘米，底座30×13厘米。四川省成都市万佛寺遗址出土，四川博物院藏。

主尊释迦佛立于莲座，两侧为四菩萨、四弟子、二天王。龛座正面刻伎乐六身，两侧面各有一天王。背光上有比丘、人物和飞天。造像背面上部为浅浮雕本生故事、涅槃、说法和礼佛图像，下面题刻"普通四年二月八日弟子康胜发心敬造释迦文石像一躯，愿现在眷属常安隐，舍身受形，常见佛闻法及七世父母合一切有形之类，普同此愿，早得成佛广度一切"。

造像总体布局和谐，人体比例匀称，面相端庄秀美，表情恬静安详，镌刻生动细腻，刀法流畅。由于南朝佛像传世量极稀，这尊像的重要之处是带有纪年铭文，对于南朝单尊佛像的时代判断具有极为重要的意义，因此定为国家馆藏壹级文物。

还有图版17，石肖范造佛立像，南朝·梁·中大通元年（公元529年）。残高158厘米。四川省成都市万佛寺遗址出土，四川博物院藏。

释迦佛着通肩式大衣，立于方台座，薄衣贴体。佛像身后下半部有铭文十二行。其中有"中大通元年己酉……侍从鄱阳世子（肖范）西止于安浦寺……"等铭文，佛像头、手已失。像虽残损，但有明确的纪年，仍然具有特别重要的历史、艺术价值，故可定为国家馆藏壹级文物。

铜铸的佛、道像数量庞大，种类繁多。特别是北朝至唐代极为流行，至今残存不少。唐代以降，宋辽金和大理国时制作的金铜佛像也颇有可圈可点之作，艺术性很高。

如图版55，铜鎏金观音像，辽（公元907～1125年）。河北省围场出土，故宫博物院藏。

观音头戴高冠，宝缯垂肩，胸挂璎珞，肩搭帔帛，下身着裙，裙褶自然流

畅，是辽代菩萨造像的典型式样，制作精美。虽右手残缺，但仍具有特别重要的历史、艺术价值，定为国家馆藏壹级文物。

此期少数民族政权的造像可举大理国（公元937～1253年）的图版58，铜鎏金佛坐像，高24.5厘米。故宫博物院藏。

佛面相丰满，鼻梁高直，臂圆肩宽，身披右袒式袈裟，结跏趺坐。此像造型端庄，制作精美，与大理千寻塔址出土的佛像相同，应是大理国盛明时的造像，具有特别重要的历史、艺术价值，定为国家馆藏壹级文物。

明政府为了联络西藏地方的宗教上层，在皇家的监制下，制作了许多精美的佛像，作为礼品赐给西藏寺庙。

例如永宣时期的宫廷造像图版68，铜鎏金释迦牟尼像，明·宣德（1426～1435年）。高27.5厘米，宽19厘米。中国国家博物馆藏。

佛像高肉髻，螺发，着右袒式袈裟，结跏趺坐于莲台上。束腰重瓣仰覆莲台，上下有联珠纹边饰，台面像前刻有"大明宣德年施"题款。面相丰满，衣纹流畅，铸造工艺精湛，是汉地制作的西藏佛教金铜像，为研究明代宫廷造像的珍贵资料，具有特别重要的历史、艺术价值，定为国家馆藏壹级文物。

永宣宫廷造像题材上多数为显宗的释迦佛、长寿佛（阿弥陀佛）、观世音菩萨、文殊菩萨、白度母、绿度母等，尤以各种度母像数量多而造型精美。这类带有永宣刻款的金铜佛像除伤残过甚者，一般都可以定为壹级文物。

图版86，铜张三丰坐像，明（1368～1644年）。高141.5厘米。湖北省武当博物馆藏。头戴圆形冠，面相丰颐，长髯，大耳，表情恬然超脱。内着交领衣，外罩袍服，足踏云履，端坐于雕花石宝座上。此像雕刻技法圆润，衣纹表现流畅生动。质感颇强，具有特别重要的历史、艺术价值，定为国家馆藏壹级文物。

还有图版87，铜敷彩九曜星君，明（1368～1644年）。高73厘米。湖北省武当博物馆藏。此像圆睁怒目，表情威猛，身着铠甲战袍，下着战靴，右手上扬握拳，左手持兵器（残损）。姿态夸张生动，代表了明代雕刻的高度水准，具有特别重要的历史、艺术价值，定为国家馆藏壹级文物。

除此之外，各种民间杂祭的鬼神也是数不胜数。少数民族的宗教文物更是独具特色，种类繁杂，数量众多，可参照定级标准视实际情况而定，不可与汉族地区的文物照搬硬套。

二级文物定级举例

图版95，石弥勒坐像，北魏晚期（公元525～534年）。高25.5厘米。河北省曲阳县修德寺遗址出土，故宫博物院藏。

弥勒佛身着通肩大衣，内着僧祇支，双手施无畏、与愿印。人物形象庄重，衣纹繁密，方座后刻"弥勒世尊"四字，因背光修复，且无纪年款识等历史资料，所以定为国家馆藏贰级文物。

图版104，石双思惟菩萨坐像，北齐（公元550～577年）。残高31厘米。河北省曲阳县修德寺遗址出土，故宫博物院藏。

两菩萨作思惟状，半跏趺坐，圆形素面项光，龛柱两侧站立二胁侍菩萨，基座正面浮雕力士托博山炉及二弟子、二护法狮、二力士。反映了北齐时期曲阳地区白石造像的雕刻风格，具有重要的历史、艺术价值，定为国家馆藏贰级文物。

还有些造像尽管是陶或者是泥制的，但也具有典型的时代风貌和很高的艺术性，也要充分予以重视。例如图版110，陶大唐善业泥，唐（公元618～907年）。高17.5、宽13.2厘米。故宫博物院藏。

此泥像尖拱龛形，边有廊，内为一佛、二菩萨及过去七佛，共十尊。背有铭文："大唐善业泥压得真如妙色身"。此善业泥具有重要的历史、艺术价值，是唐代流行的泥质佛像的代表，定为国家馆藏贰级文物。

明清时代的泥塑可举图版136，泥塑彩绘关羽像，明（1368～1644年）。高168厘米。故宫博物院藏。

此像头戴幞头，内着战甲，外罩短袍，下着战靴，面相丰满，丹凤眼，手掌伸张有表现力。整体动态生动，充分表现了关羽豪放忠义的品格。山西雕塑历史悠久，此像在脸部、手部以及战甲等细部精细雕琢，技艺卓越，具有重要的历史、艺术价值，定为国家馆藏贰级文物。

三级文物定级举例

图版170，铜水月观音像，北宋（公元960～1127年）。残高14.5厘米。故宫博物院藏。

观音面含微笑，神情安逸，半跏趺坐。左手抚山石座（已失），右臂搭在右膝上，游戏坐姿。是典型的宋代观音菩萨的样式，具有比较重要的艺术价值，定为国家馆藏叁级文物。

图版189，铜漆金四臂灵官站像，明（1368～1644年）。高66厘米。湖北省武当博物馆藏。

此像为四臂，手中各持法器（失落），怒目圆睁，表情狰狞可畏。身着短衣，下着裙，足登皂靴，站立于四足方台座上。此像姿态生动有力，惜略有残损，具有比较重要的历史、艺术价值，定为国家馆藏叁级文物。

一般文物定级举例

图版216，铜汉钟离像，明（1368～1644年）。高24.7厘米。山东省青州市博物馆藏。

汉钟离一手执芭蕉扇，一手执仙桃灵药。此像头梳两髻，手中执芭蕉扇，身材矮胖，袒腹，生动地表现了汉钟离放纵不羁、浪迹江湖的形象。由于此像制作较为简素，代表了民间艺术的风格，具有一定的历史、艺术价值，只能定为国家馆藏一般文物。

图版217，铜刘海立像，明（1368～1644年）。高14.3厘米。山东省青州市博物馆藏。

刘海蟾在民间影响深远，流传广泛。此像手中执物（已不全），一足站立在金蟾上，姿态生动，但工艺粗糙，只具有一定的历史、艺术价值，定为国家馆藏一般文物。

入选的这些图例，都是不同程度的具有历史和艺术价值的标准器。由于地域广大，大量造像的神格、时代风格、艺术表现手法乃至真伪等等各方面都会情况各异，面目纷繁，不可能完全规范一致。这就需要使用时全面考虑，综合研究，举一反三，融会贯通，不可以偏概全，顾此失彼，以便作出正确的判断。

金申

2010年8月

叁级文物

一般文物

Artifacts of Grade I

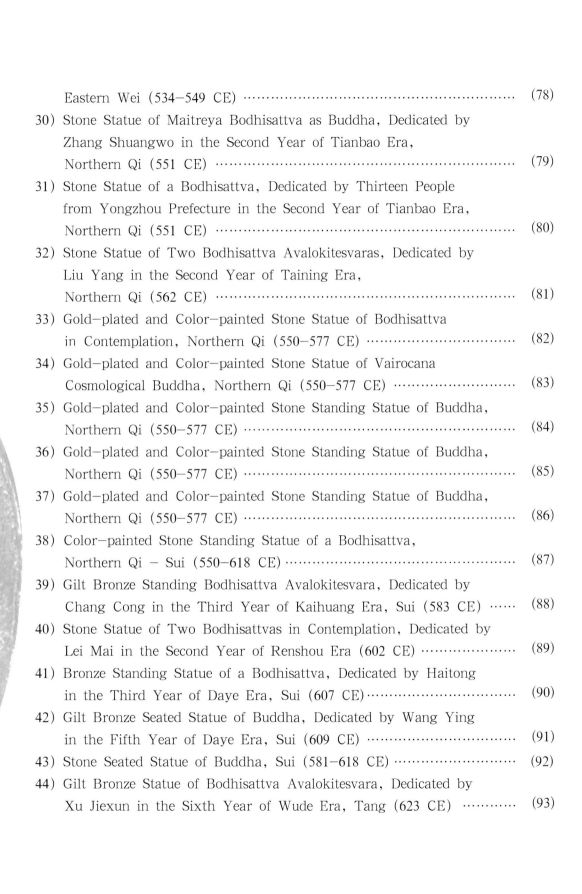

Artifacts of Grade II

Artifacts of Grade III

Common Artifacts

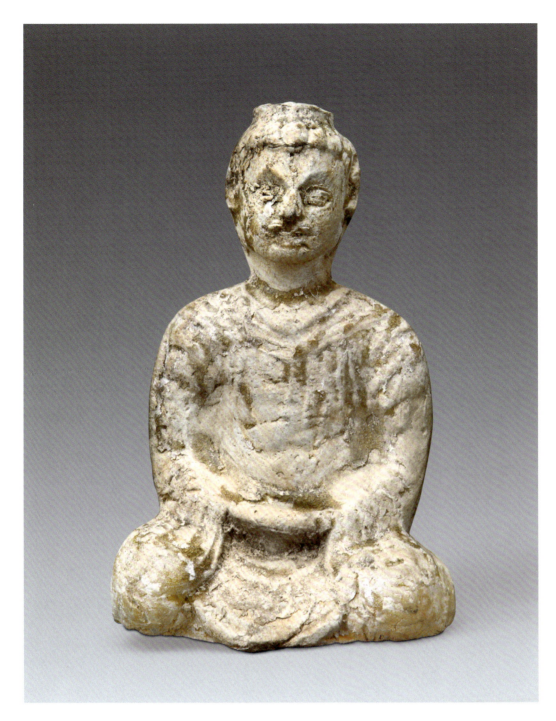

1　青瓷佛造像

西晋（公元265～316年）

高16.5厘米

故宫博物院藏

佛像头肉髻隆起，眉间有白毫相，八字胡须，高鼻深目，胡人相。着通肩式袈裟，施禅定印，结跏趺坐。此像带有浓重的印度佛造像艺术风格，虽青瓷釉多剥落，但此时期佛造像多见贴塑于魂瓶的小型佛像，这样完整、立体的佛造像，实属罕见，具有特别重要的历史、艺术价值，定为国家馆藏壹级文物。

2 铜鎏金佛坐像

十六国（公元318～420年）

高20厘米

故宫博物院藏

佛像高肉髻，着通肩式袈裟，施禅定印，结跏趺坐于双护法狮座上，背光上面有五尊坐佛和两个供养人立像。背光与四足台座分铸插合在一起。此像保存完好，具有特别重要的历史、艺术价值，定为国家馆藏壹级文物。

3　铜鎏金佛坐像

十六国（公元318～420年）

高18厘米

故宫博物院藏

佛面含微笑。高肉髻，着通肩式袈裟，衣纹呈"U"字形，袈裟一角披搭左肩从背后下垂，另一角绕左腕攥于手中。右手施无畏印（手指已残）。结跏趺坐于方形狮子座。此像头后有榫眼，原应有头光或华盖。此像保存基本完好，又是十六国时期遗存的此类造像中体量较大的佛像之一，较为罕见，具有特别重要的历史、艺术价值，定为国家馆藏壹级文物。

（局部）

4　释玄嵩造无量寿佛四面像碑

南朝·齐·永明元年（公元483年）

高170、宽73、厚21厘米

四川省茂县出土

四川博物院藏

　　此碑于20世纪20年代出土于四川通往甘南和青海的古道，后被凿成数块运至成都，仅存四块复原。造像碑正、背面分别镌刻弥勒佛座像和无量寿佛立像，均着褒衣博带式袈裟，两侧面共存诸佛像、菩萨像、坐禅比丘像十三躯。造像碑刻有"齐永明元年岁次癸亥七月十五日西凉曹比丘释玄嵩为帝主臣王累世师长父母兄弟"、"敬造无量寿，当来弥勒成佛二世尊像"等五处题记。造像碑布局严谨，题记详明，具有特别重要的历史、艺术价值，定为国家馆藏壹级文物。

5 铜鎏金□春造释迦牟尼坐像

北魏·太和十四年（公元490年）

高11.5厘米

故宫博物院藏

佛高肉髻，着袒右肩式袈裟，左手抚膝，右手施无畏印，结跏趺坐于两护法狮子背上。左右有两供养人，双手胸前合什。火焰纹背光，背面线刻禅定佛。束腰四足方台座，正面刻两个手持莲蕾供养人，中间为博山炉，其他三面刻发愿文"太和十四年六月廿日，佛弟子□春□□难七世（父）母造释迦牟尼像一躯"。此像保存完好，具有特别重要的历史、艺术价值，定为国家馆藏壹级文物。

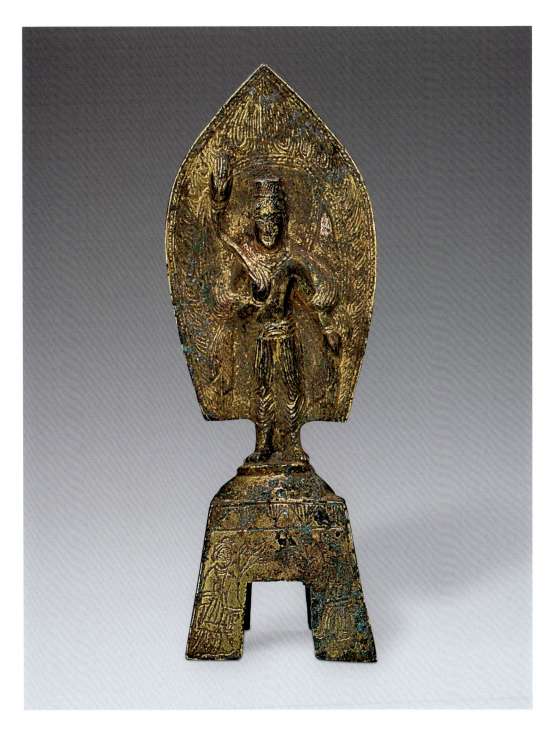

6 铜鎏金郭武牺造观音像

北魏·太和二十三年（公元499年）

通高16.5厘米

故宫博物院藏

　　观音立于四足方台座上，背光与像合铸。左手下垂提净瓶，右手执长茎莲蕾。头戴花蔓冠，上身袒露，下身着裙，肩搭披帛。背光阴刻火焰纹，背面刻禅定佛和供养人像。座上阴刻发愿文"太和廿三年……郭武牺造像一躯……"。此像保存良好，具有特别重要的历史、艺术价值，定为国家馆藏壹级文物。

7 铜丘元达造释迦牟尼坐像

北魏·正始四年（公元507年）
高28.5、宽13.5厘米
故宫博物院藏

佛面相清秀，火焰纹背光，四足台座。纹饰流畅，台座刻"正始四年六月二十三日清信士丘元达为七世父母眷属大小及一切众生造释加（迦）牟尼佛像一区愿亡者生天□□诸佛现在安隐□来□成道生愿从心普成佛道"铭文。此像为北魏造像，有纪年铭文，体量较大，具有特别重要的历史、艺术价值，定为国家馆藏壹级文物。

8　铜鎏金僧保造观音立像

北魏·神龟元年（公元518年）

通高19.6、宽7厘米

故宫博物院藏

观音立于宝装莲座，右手执莲蕾。身后背光上的火焰纹刻划生动，上有"神龟元年十二月十日比丘僧保进造观音像一区□□□□□生"铭文。此像体量较大，具有特别重要的历史、艺术价值，定为国家馆藏壹级文物。

9 铜鎏金□建造观世音立像

北魏·正光三年（公元522年）

高19厘米

故宫博物院藏

观世音头戴宝冠，颈饰项圈，肩搭帔帛。右手握莲蕾，左手持环。着长裙，裙摆外侈。背光上浮雕火焰纹。菩萨立于覆莲上，下为四足壶门台座。上刻发愿文"正光三年正月二日，九门县人□建为亡父母敬造观世音像一区（躯），右（又）为居家眷属建息"。此像做工精良，又有纪年铭文，具有特别重要的历史、艺术价值，定为国家馆藏壹级文物。

10　铜法要等造佛坐像

北魏·正光六年（公元525年）

高14厘米

故宫博物院藏

佛结跏趺坐于双狮背上，手作说法印。两侧胁侍双手合十。火焰纹背光。像背刻发愿文"正光六年……比丘尼法要法□等……造像……"。此像有纪年，造型新颖，具有特别重要的历史、艺术价值，定为国家馆藏壹级文物。

11 石康胜造释迦牟尼像

南朝·梁·普通四年（公元523年）

高37、底座30×13厘米

四川省成都市万佛寺遗址出土

四川博物院藏

主尊释迦牟尼佛立于莲座，两侧为四菩萨、四弟子、二天王。龛座正面刻伎乐六身，两侧面各有一天王。背光上有比丘、人物和飞天。造像背面上部为浅浮雕本生故事、涅槃、说法和礼佛图像，下部题刻"普通四年二月八日弟子康胜发心敬造释迦文石像一躯愿现在眷属常安隐舍身受形常见佛闻法及七世父母合一切有形之类普同此愿早得成佛广度一切"。造像整体布局和谐，人体比例匀称，面相端庄秀美，表情恬静安详，镌刻生动细腻，刀法流畅，具有特别重要的历史、艺术价值，定为国家馆藏壹级文物。

12　铜吴保□造释迦牟尼像

北魏·孝昌三年（公元527年）

高19.6厘米

故宫博物院藏

佛高肉髻，着通肩式袈裟，袈裟一角披搭左肩从侧后飘下，左手下垂，右手施无畏印。立覆莲圆座上。火焰纹背光，背面刻发愿文"孝昌三年六月廿六日，清信士佛弟子吴保□一心供养"。此像造型形体厚重、立体感强，具有特别重要的历史、艺术价值，定为国家馆藏壹级文物。

13 石韩小华造弥勒像

北魏·永安二年（公元529年）

高55、宽51、厚10厘米

山东省青州市龙兴寺遗址出土

山东省青州市博物馆藏

佛高肉髻，内着僧祇支，外穿褒衣博带式袈裟，施无畏、与愿印。二胁侍面含微笑。三尊头后均有双层莲花瓣项光，莲瓣形背光两侧外角上刻日月天神，基座上刻供养人、护法狮子等。碑左侧刻题记"永安二年二月四日清信女韩小华敬造弥勒像一躯为亡夫乐丑儿与亡息佑兴迥奴等后己身并息阿虎愿使过度恶世后生生尊贵世世侍佛"。此为青州龙兴寺出土造像中有明确纪年最早的一件，具有特别重要的历史、艺术价值，定为国家馆藏壹级文物。

14　石贴金彩绘佛造像

　　北魏晚期（公元525～534年）

　　高134、宽90厘米

　　山东省青州市七级寺遗址出土

　　山东省青州市博物馆藏

　　主尊螺发、高肉髻，面相清瘦，施无畏、与愿印，内着僧祇支，外穿褒衣博带式田相纹彩绘袈裟，下摆外侈，面、颈、手、足贴金。头后饰双层莲瓣及同心圆项光，火焰纹身光，内雕七身飞天。二胁侍束发，大三角形帔帛覆肩，下着红色长裙，立于有莲茎相连的莲台上。此造像为青州地区北魏时代造像的代表作，具有特别重要的历史、艺术价值，定为国家馆藏壹级文物。

15　石贴金彩绘佛造像

　　北魏晚期（公元525～534年）

　　通高113、宽77厘米

　　山东省青州市龙兴寺遗址出土

　　山东省青州市博物馆藏

　　主尊高肉髻覆以波状发，面相清瘦，内着僧祇支，外穿褒衣博带式彩绘袈裟，施无畏、与愿印。面、颈、手、足贴金，立于圆形榫座上。二胁侍面相清瘦，束发，颈佩项链，帔帛覆肩，下垂至膝部相交后上绕肘下飘，红色长裙下摆外侈，立于上圆形榫座上。三尊头后皆雕双层莲瓣项光。此造像具有特别重要的历史、艺术价值，定为国家馆藏壹级文物。

16 石贴金彩绘圆雕佛立像

北魏晚期（公元525～534年）

通高165厘米

山东省青州市龙兴寺遗址出土

山东省青州市博物馆藏

佛面相清瘦，肉髻高凸，圆形项光内饰莲瓣、同心圆。内着僧祇支，外着田相纹红彩袈裟，右领襟甩搭左臂后垂下，面、颈、手、足贴金。此造像为青州地区单体造像的代表，双手虽残，但仍具有特别重要的历史、艺术价值，定为国家馆藏壹级文物。

17　石肖范造佛立像

南朝·梁·中大通元年（公元529年）

残高158厘米

四川省成都市万佛寺遗址出土

四川博物院藏

佛像头、手已失。释迦佛着通肩式大衣，立于方座，端庄伟岸，薄衣贴体。佛像身后下半部有铭文十二行，其中有"中大通元年己酉……侍从鄱阳世子（肖范）西止于安浦寺……"等内容。此像虽残损，是南朝带有纪年的石佛像，具有特别重要的历史、艺术价值，定为国家馆藏壹级文物。

18 石上官法光造释迦牟尼像

南朝·梁·中大通五年（公元533年）

高36、底座35×14.5厘米

四川省成都市万佛寺遗址出土

四川博物院藏

此像顶部残缺。正面中央释迦佛立于莲座，佛像左右相间刻四弟子、四菩萨，二天王站立于象背上。龛座中央一裸体力士顶一博山炉，两旁刻六比丘。造像的两侧面各立一天王和一执杖力士。背光后面上部有说法图和男女供养人等浅浮雕像。下部刻铭"中大通五年正月十五日上官法光为/亡妹令玉尼敬造/释迦文石像一丘（躯）/愿令玉尼永在生/处值生西方无/量寿国舍身受/行常见诸佛同真/出家及现在眷/属六亲中表一切/仓（苍）生并同此愿"。造像整体布局完整和谐，人体比例匀称，浮雕生动细腻，具有特别重要的历史、艺术价值，定为国家馆藏壹级文物。

19 石智明造释迦牟尼佛像

东魏·天平三年(公元536年)

残高83、宽66、厚9.5厘米

山东省青州市龙兴寺遗址出土

山东省青州市博物馆藏

主尊高肉髻,内着僧祇支,外穿褒衣博带式袈裟,下摆外侈,立于覆莲座上,圆形项光和椭圆形背光。二胁侍着交领衫,双手执物。碑侧面彩绘四僧人,线条流畅。碑下部条形基座上刻题记"大魏天平三年六月三日张河间寺尼智明为亡父母亡兄弟亡姐敬造尊像一区愿令亡者托生净土见在蒙福又为一切咸同斯庆郭达郭胡侍佛时"。此造像碑虽有残缺,但纪年明确,彩绘保存完好,特别是碑侧存有彩绘僧人,较为罕见,具有特别重要的历史、艺术价值,定为国家馆藏壹级文物。

20 石佛立像

南朝·梁·大同三年（公元537年）

残高127.5厘米

四川省成都市万佛寺遗址出土

四川博物院藏

圆雕立像，头、手、足部残缺。内着僧祇
支，外着褒衣博带式大衣，束带垂于衣外，右幅
搭在左腕上，衣纹自然，线条流畅。佛像身后铭
文一行"大同三年岁次丁巳八月甲子□□"。此
像是南朝纪年明确的石佛，具有特别重要的历
史、艺术价值，定为国家馆藏壹级文物。

21 石郅广寿造思惟像

东魏·兴和二年（公元540年）

通高61厘米

河北省曲阳修德寺遗址出土

故宫博物院藏

菩萨头饰三叶式花蔓冠，宝缯上飘，贴于圆形项光，肩部帔帛外侈，裙摆皱折呈回纹状，右手执莲蕾，食指支于脸庞作思惟状，半跏趺坐，座下为覆莲圆座，座基背面镌刻"大魏兴和二年，岁在庚申，二月巳（己）卯逆二十三亲（辛）丑，清信佛弟子郅广寿……敬造玉思惟一区（躯）……"。此像雕工细腻，是典型曲阳石雕佛像风格，具有特别重要的历史、艺术价值，定为国家馆藏壹级文物。

22　铜鎏金张禁安造立像

东魏·兴和三年（公元541年）

高14.6厘米

故宫博物院藏

　　菩萨头戴花蔓冠，五官清晰端正，身搭帔帛，下着长裙。施无畏、与愿印，立于覆莲圆座上，下为四足台座，上刻发愿文"兴和三年，佛弟子张禁安为息张永贵造像一躯"。身光外层线刻火焰纹，内刻卷草纹。此像雕造细腻，保存完整，具有特别重要的历史、艺术价值，定为国家馆藏壹级文物。

23 石李晦造弥勒佛立像

东魏·兴和三年（公元541年）

残高45厘米

河北省曲阳修德寺遗址出土

故宫博物院藏

佛高肉髻，面带微笑。身着褒衣博带
式袈裟，内着僧祇支，施无畏、与愿印，立
于覆莲圆座上，背光已残。座背刻铭"大魏
兴和三年／十一月廿五日，上曲／阳县人李
晦……敬造弥／勒像一躯……"。此像衣纹
运用了双钩阴线刻的手法，雕刻考究，有明
确纪年，具有特别重要的历史、艺术价值，
定为国家馆藏壹级文物。

24 石佛造像

南朝（公元420～589年）

高46.5、底座25.3×12厘米

四川省成都市万佛寺遗址出土

四川博物院藏

主尊结跏趺坐于须弥座，左右各一胁侍，间有二比丘，外侧为二力士。须弥座两侧各有一狮，座前有两个供养比丘。莲瓣形背光上雕七个圆拱形小龛，龛内雕禅定佛，应是过去七佛。背光外圈镌刻有十二身各执乐器的伎乐飞天。此龛造像刻工精细，代表了南朝佛像面貌，具有特别重要的历史、艺术价值，定为国家馆藏壹级文物。

25 石观音菩萨像

南朝·梁·中大同三年（公元548年）

高44、底座37×15.5厘米

四川省成都市万佛寺遗址出土

四川博物院藏

主尊观世音菩萨，两侧为四比丘、四菩萨、二明王像。观音足左右有狮及驯狮奴，明王足下有象及驯象奴，造像前排刻有伎乐八人。龛的两侧面各雕一"天游神"。背光后面上部刻浅浮雕说法图，下部题刻"中大同三年二月七日比丘□爱秦为亡□及现在□□□敬造官（观）世菩萨一躯明国天游神净土□□兜率供养□佛现□眷属……"。此造像主题突出，布局很有层次，衣纹流畅，堪称南朝艺术珍品，虽有残损，但仍具有特别重要的历史、艺术价值，定为国家馆藏壹级文物。

（局部）

26　石四面造像碑

南朝（公元420~589年）

高120、底座64×24.5厘米

四川省成都市万佛寺遗址出土

四川博物院藏

造像碑的背面及两侧为浅浮雕，为阿弥陀净土变和佛传故事，两侧面用12.5×8厘米的连续画面，表现了丰富的佛传故事。从菩萨文雅神秘的微笑到经变故事技艺精湛的刻画，无不表现了当时工匠的艺术造诣。此造像具有特别重要的历史、艺术价值，定为国家馆藏壹级文物。

27 石贴金彩绘菩萨立像

北魏晚期～东魏（公元525～549年）

通高104、像高82厘米

山东省青州市龙兴寺遗址出土

山东省青州市博物馆藏

菩萨头戴折巾式花冠，面相秀美，深目、高鼻、黑发，肩部饰贴金圆形物并系缯带，颈佩贴金项圈，三角形帔帛从双肩垂下，飘于身侧，着红彩长裙，立于仰莲台上，圆形项光内雕双层莲瓣。从左侧下部裙折边有龙尾饰件与仰莲台下有莲茎残饰件分析，此造像原为北魏晚期到东魏时期造像碑的右胁侍，后改雕成单尊菩萨像。此造像虽双手已失，但仍具有特别重要的历史、艺术价值，定为国家馆藏壹级文物。

28 石贴金彩绘佛立像

东魏（公元534～550年）

残高120、宽127厘米

山东省青州市龙兴寺遗址出土

山东省青州市博物馆藏

主尊螺发高肉髻，面相秀美，深目高鼻，施无畏、与愿印。内着僧祇支，外穿褒衣博带式田相纹红彩袈裟，面、颈、手、足贴金。二胁侍头戴高冠，黑发垂肩，肩部有二贴金圆形物，胸前绿彩帔帛，饰有璎珞。主尊与二胁侍之间雕龙，龙口衔莲花荷叶，莲花为二胁侍的台座，此种雕刻风格为青州地区的造像特点。此造像虽背光与底座残损，但仍具有特别重要的历史、艺术价值，定为国家馆藏壹级文物。

29 石贴金彩绘圆雕菩萨立像

东魏（公元534～550年）

像高95厘米

山东省青州市龙兴寺遗址出土

山东省青州市博物馆藏

菩萨高髻、戴花冠，袒上身，颈佩金色项圈和璎珞，帔帛顺肩下垂，双腕戴镯，左手提帔帛，右手半举于胸前，着红彩长裙，腰间束带，立于圆形榫座上。此像彩绘保留完整，色彩鲜艳，雕刻工艺精良，具有特别重要的历史、艺术价值，定为国家馆藏壹级文物。

30　石张双卧造弥勒菩萨下生像

北齐·天保二年（公元551年）

通高48厘米

河北省曲阳县修德寺遗址出土

故宫博物院藏

　　弥勒戴三叶式花蔓冠，宝缯下垂，帔帛挎肩后绕肘垂至两侧，一手执莲蕾，一手施与愿印，交脚坐于单瓣覆莲圆座上，并有二帝释天承足，身后为举身光背。座基背面镌刻"天保二年/五月一日，清/信士女仙/弟子张双/卧……造弥勒/下生像一区（躯）……"。此像雕工细腻，具有特别重要的历史、艺术价值，定为国家馆藏壹级文物。

31　石雍州十三人造菩萨像

北齐 · 天保二年（公元551年）

高55.5厘米

河北省曲阳修德寺遗址出土

故宫博物院藏

　　菩萨头戴宝冠，宝缯垂肩，袒上身，胸前挂璎珞，帔帛缠身。右手上举握莲蕾，左手下垂持环。下着长裙，立宝装覆莲座上，两侧为弟子，圆形项光，双手合什。方形座前为二护法狮与化生童子托博山炉，侧后面刻发愿文"天保二年七月二十九日，……雍州……十三人等造白玉观世音像一躯……"。此像雕凿精美，有确切出土地点，并且带有纪年铭文，具有特别重要的历史、艺术价值，定为国家馆藏壹级文物。

32　石刘仰造双观音像

北齐·太宁二年（公元562年）

通高55厘米

河北省曲阳修德寺遗址出土

故宫博物院藏

　　二菩萨皆戴三叶式花蔓冠，宝缯下垂，帔帛在腹前结节，薄衣贴体，手执莲蕾，立于单瓣覆莲圆座上，光背上部浮雕二飞天托一方塔，座基前面浮雕二化生托博山炉，两边为二护法狮和二力士。背面镌刻"太宁二年/二月八日，琢/妻刘仰……敬造/白玉双观音像一区（躯）……"。此像雕刻形制新颖，内容丰富，具有特别重要的历史、艺术价值，定为国家馆藏壹级文物。

33 石贴金彩绘思惟菩萨像

北齐（公元550～577年）

通高95、像高80厘米

山东省青州市龙兴寺遗址出土

山东省青州市博物馆藏

思惟菩萨像头戴贴金彩绘宝冠，唇上有墨线画出的小胡须，黑发垂肩，颈佩项圈，上身袒露，右手托腮，左手抚右脚成半跏趺坐，红色长裙下摆半遮束腰筌蹄式座。座上雕一龙，口衔莲台承托左脚。左臂与右手、底座残失。此像色彩鲜艳，雕刻精致，虽残缺仍不失为北齐时代的造像精品，具有特别重要的历史、艺术价值，定为国家馆藏壹级文物。

34 石贴金彩绘圆雕卢舍那法界人中像

北齐（公元550～577年）

残高150厘米

山东省青州市龙兴寺遗址出土

山东省青州市博物馆藏

佛头及左手断失。着圆领通肩式田相纹红彩袈裟，右手下伸提衣角，双足贴金，立于圆形榫座上。袈裟的田相纹间绘出多组人物，其中胸部大框内绘有一佛二菩萨，左肩部红色大框拐角处绘有两个人物，右肩部红色大框拐角处绘有三个波斯人形象。此像表现的是卢舍那法界人中佛像，具有特别重要的历史、艺术价值，定为国家馆藏壹级文物。

35　石贴金彩绘圆雕佛立像

北齐（公元550～577年）

像高97厘米

山东省青州市龙兴寺遗址出土

山东省青州市博物馆藏

　　佛高肉髻，眉目清秀，面带微笑，施无畏、与愿印，披通肩式田相纹袈裟，内着长裙，立于圆形榫座上。面部、肌肤贴金，肉髻、领缘、衣缘饰石青，袈裟用朱砂配以石绿、赭石、宝蓝等色绘出图案。此造像为青州地区北齐时代晚期造像中的精品，具有特别重要的历史、艺术价值，定为国家馆藏壹级文物。

36 石贴金彩绘圆雕佛立像

北齐（公元550～577年）

通高148、像高125厘米

山东省青州市龙兴寺遗址出土

山东省青州市博物馆藏

佛肉髻微凸，螺发，面方圆，垂目。
内着僧祇支，外着田相纹红彩袈裟，衣纹呈
绳状凸起。右手残失，左手施与愿印，面、
颈、手、足存少量贴金，立于圆形榫座上。
此像是典型青州北齐时期风格，具有特别重
要的历史、艺术价值，定为国家馆藏壹级文
物。

37 石贴金彩绘圆雕佛立像

北齐（公元550～577年）

通高136、像高116厘米

山东省青州市龙兴寺遗址出土

山东省青州市博物馆藏

佛肉髻微凸，螺旋纹发髻，面部丰
满，表情慈祥，右手施无畏印，左手施与愿
印，立于圆形榫座上。彩绘右袒式袈裟，
面、胸、手、足等袒露的部分贴金。此种无
衣纹的雕刻技法为青州地区北齐晚期的典型
风格，具有特别重要的历史、艺术价值，定
为国家馆藏壹级文物。

38 石彩绘圆雕菩萨立像

北齐～隋（公元550～618年）

通高164、像高136厘米

山东省青州市龙兴寺遗址出土

山东省青州市博物馆藏

菩萨头戴透雕花冠，冠中有一化佛，立于圆形座上。颈佩联珠项链，绿彩帔帛，衬托精美璎珞，戴手镯，下身着折腰红彩长裙，并佩有雕刻精致的宽带垂至台座。此造像为观音菩萨造像中的精品，右手虽残，但仍具有特别重要的历史、艺术价值，定为国家馆藏壹级文物。

39 铜鎏金常聪造观世音立像

隋·开皇三年（公元583年）

高18.5厘米

故宫博物院藏

观音戴三叶冠，宝缯垂肩，头微前倾。脑后有插榫，原应有项光。菩萨袒上身，帔帛缠身，挂"U"字形璎珞，右手上举持杨柳枝，左手下垂握净瓶，下身着长裙，立仰覆莲圆座上。座有款"开皇三年……佛弟子常聪……造官（观）世音像一区（躯）"。此像具有特别重要的历史、艺术价值，定为国家馆藏壹级文物。

40 石雷买造双思惟像

隋·仁寿二年（公元602年）

高40.3厘米

河北省曲阳修德寺遗址出土

故宫博物院藏

双思惟像两圆形项光相连，面含微笑，左右对称，食指支颐，盘左腿坐筌蹄式座上。左侧思惟像右手抚左足，右足踏圆形莲座；右侧与之相对。左右二罗汉双手合什，立于莲座上。长方形石座前面浮雕二力士、二护法狮及化生童子托博山炉。座侧后刻铭文"仁寿二年五月廿四日，佛弟子雷买为亡父母敬造白玉像一区（躯）……"。此像雕刻细腻，并带有纪年铭文，具有特别重要的历史、艺术价值，定为国家馆藏壹级文物。

43　石雕佛坐像

隋（公元581～618年）

高100.7厘米

故宫博物院藏

佛螺髻，内着僧祇支，外着大
衣。结跏趺坐。此像制作精美，虽
手臂残缺仍具有特别重要的历史、
艺术价值，定为国家馆藏壹级文
物。

44 铜鎏金徐姐训造观音像

唐·武德六年（公元623年）

高7.2厘米

故宫博物院藏

观音身搭帔帛，项饰璎珞，一手持杨柳枝，一手提净瓶，立于覆莲圆座上，是杨柳枝观世音通常像式。莲座下为四足台座，上刻铭文"武德六年……佛弟子徐姐训……造观世音像一躯……"。武德纪年款像甚少，此件造像保存完整，对研究隋至初唐造像的变化具有特别重要的历史、艺术价值，定为国家馆藏壹级文物。

45　石张惠观造释迦多宝像

唐·显庆二年（公元657年）

高39.5厘米

河北省曲阳修德寺遗址出土

故宫博物院藏

二佛螺发，低圆肉髻。身着袈裟。两佛一手施无畏印，一手抚膝。结跏趺坐于束腰仰覆莲须弥座上，束腰两侧有立柱，座上刻发愿文"显庆二年六月八日，比丘尼张惠观奉为皇帝及师僧父母、法界含灵，敬造多宝、释迦像二躯，虔心供养。比丘尼孙皆含供养。观门徒惠藏、惠常等供养"。此像雕刻精良，造型端庄，是初唐时期的造像，具有特别重要的历史、艺术价值，定为国家馆藏壹级文物。

46 石观音菩萨头像

唐（公元618～907年）

高41厘米

四川省成都市万佛寺遗址出土

四川博物院藏

菩萨头戴宝冠，冠式精美，上有化佛。面相秀丽，高鼻修眉，嘴形优美。此件头像为唐初之精品，雕工精湛，极富质感，具有特别重要的历史、艺术价值，定为国家馆藏壹级文物。

47 石金刚力士像

唐（公元618～907年）

高86厘米

四川省成都市万佛寺遗址出土

四川博物院藏

力士跣足立于方座上，上身袒，胸饰项圈，腰束战裙，全身肌肉突起。此像虽头、右臂、左手等残缺，但仍是一件难得的艺术珍品，具有特别重要的历史、艺术价值，定为国家馆藏壹级文物。

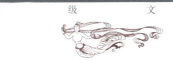

48　铜鎏金观音菩萨立像

唐（公元618～907年）

通高19.5厘米

故宫博物院藏

　　菩萨高发髻，戴宝冠，宝
缯下垂过腰。镂空莲瓣形项光，
袒上身，佩项饰、璎珞、帔帛。
左手提净瓶，右手持柳枝。着长
裙，裙腰外翻，跣足立于圆形束
腰仰覆莲座上，下为壶门式方
座。此像制作精细，造型优美，
具有特别重要的历史、艺术价
值，定为国家馆藏壹级文物。

49　铜鎏金地藏菩萨像

唐（公元618～907年）

通高18.3厘米

故宫博物院藏

菩萨剃发，镂空火焰形项光，左手
抚膝，右手托宝珠。身着右袒式袈裟，半
跏趺坐，下为壸门台座。此像制作精巧，
别具一格，保存完整，具有特别重要的历
史、艺术价值，定为国家馆藏壹级文物。

50　铜鎏金佛坐像

唐（公元618～907年）

高26厘米

故宫博物院藏

佛像倚坐，左手扶膝，右手施说法
印，着右袒式袈裟，内着僧祇支。背光为
镂空火焰、唐草纹，顶有化佛。佛像两侧
立弟子。前面二天王足踏小鬼。此像内容
丰富，造型别致，具有特别重要的历史、
艺术价值，定为国家馆藏壹级文物。

51　木雕郭有英造罗汉像

北宋·庆历六年（1046年）

高54厘米

广东省韶关市南华寺出土

故宫博物院藏

　　罗汉用整块木坯雕刻而成，为五百罗汉之一，形象生动自然。底座正面刻铭文四行："连州客人郭有英舍钱刁（雕）造罗汉舍入南华寺永供养庆历六年□。"南华寺是唐宋时期佛教重要寺院之一。此像为研究宋朝南方禅宗历史提供了重要资料，为宋代造像断代提供了标准，具有特别重要的历史、艺术价值，定为国家馆藏壹级文物。

52 木雕吴世质造罗汉像

北宋·庆历七年（1047年）

高54.5厘米

广东省韶关市南华寺出土

故宫博物院藏

此像原藏于广东韶关南华寺中，为五百罗汉之一。罗汉用整块木坯雕成，人物写实传神。底坐正面刻铭四行："连州弟子吴世质为男盘会保平安丁亥。"北宋木雕罗汉具年款者少见，此像具有特别重要的历史、艺术价值，定为国家馆藏壹级文物。

53 石雕张凑造泗州圣僧像

北宋·元符三年（1100年）

高92厘米

故宫博物院藏

头戴风帽，双目微睁。身着右衽僧衣，外披袈裟，袈裟一角系带固定于左胸前，施禅定印，结跏趺坐，云头座上开光刻元符三年纪年铭文。此像带有典型宋代作品特点，具有特别重要的历史、艺术价值，定为国家馆藏壹级文物。

54 木雕观音坐像

北宋（公元960～1127年）

高127.5厘米

故宫博物院藏

木雕观音通身施彩，游戏坐姿，身躯微微前倾，面相端庄凝重。此像为北宋木雕造像杰作，保存完好，具有特别重要的历史、艺术价值，定为国家馆藏壹级文物。

55　铜鎏金观音像

辽（公元907～1125年）

高19厘米

河北省围场出土

故宫博物院藏

观音头戴高冠，脸颊丰满，面含微笑。宝缯垂肩，胸挂璎珞，斜缠帔帛，装饰华丽。下身着裙，裙褶自然流畅，这些都是辽代菩萨造像的典型式样。观音左腿盘、右腿支立，呈游戏坐姿，是民间三十三观音之一的水月观音常见坐姿。此像制作精良，鎏金保存较好，虽右手残缺，仍是辽代艺术珍品，具有特别重要的历史、艺术价值，定为国家馆藏壹级文物。

56　铜鎏金菩萨坐像

辽（公元907～1125年）

高13.2厘米

故宫博物院藏

　　菩萨面相丰满，戴宝冠，两侧宝缯下垂，胸饰璎珞，肩搭帔帛，薄裙贴体。左腿舒坐于双层仰莲座上，左脚踏莲台。此像鎏金保存良好，造型端庄秀美，衣纹流畅，是典型的辽代佳品，具有特别重要的历史，艺术价值，定为国家馆藏壹级文物。

57 铜鎏金佛坐像

辽（公元907～1125年）

高20.6厘米

故宫博物院藏

佛面相安详，螺髻，双目垂视，眉间有白毫。内着僧祇支，外着双领大衣，袒
胸。结跏趺坐于束腰复瓣仰莲宝座上，施说法印。此像造型优美，保存完好，具有特
别重要的历史、艺术价值，定为国家馆藏壹级文物。

58 铜鎏金佛坐像

大理国（公元937～1253年）

高24.5厘米

故宫博物院藏

佛面饱满，眉间白毫相，鼻梁高直，嘴角内收，面含微笑。臂圆肩宽，身披右袒式袈裟，袈裟一角披左肩下垂。结跏趺坐，施阿弥陀上品上生印。此像造型端庄，制作精美，与大理千寻塔址出土的佛像相同，应是大理国盛明时的造像，具有特别重要的历史、艺术价值，定为国家馆藏壹级文物。

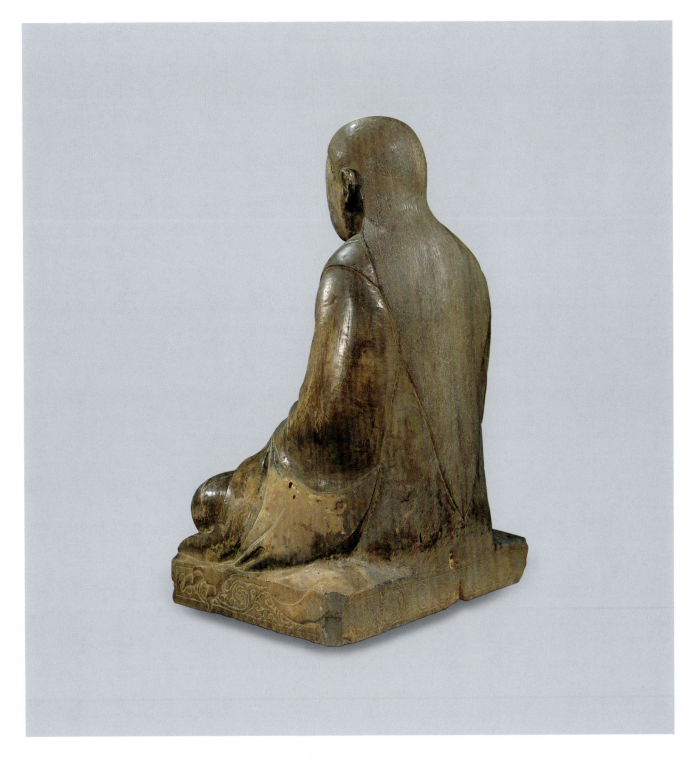

59　玉雕真武坐像

宋（公元960～1279年）

高95厘米

湖北省武当博物馆藏

真武大帝为道教镇守北方天界的威武神，又称玄武、玄天上帝等。此像呈年青的真武大帝形象，披发、身着圆领袍服，双手作禅定印，表现他年轻时练气修道的情景。从服饰和台座的卷草纹等分析，应该是宋代的作品。玉质的玄武像较为少见，具有特别重要的历史、艺术价值，定为国家馆藏壹级文物。

60 泥塑金彩罗汉坐像

宋（公元960~1279年）

高31厘米

江苏省吴县紫金庵旧藏

故宫博物院藏

罗汉身着袈裟，袒胸，双腿相交于前，衣纹装饰流畅，人物神态自然。此像为研究
宋代泥塑佛像提供了依据，具有特别重要的历史、艺术价值，定为国家馆藏壹级文物。

61　铜阿閦佛坐像

13世纪

高11.6、宽18.7厘米

中国国家博物馆藏

佛像为菩萨装，高发髻，戴宝冠，冠带飘于两侧，眉间有白毫相。袒上身，戴项链、璎珞、臂钏、手镯，大耳环垂肩，长裙裹膝，结跏趺坐于莲台上，左手结定印，右手施触地印。莲台为束腰仰覆莲式，莲瓣宽厚圆润，尖部上卷，莲台上下有联珠纹。身后有帛带飘垂身侧。具有西藏西部12～14世纪典型造像风格。此像具有特别重要的历史、艺术价值，定为国家馆藏壹级文物。

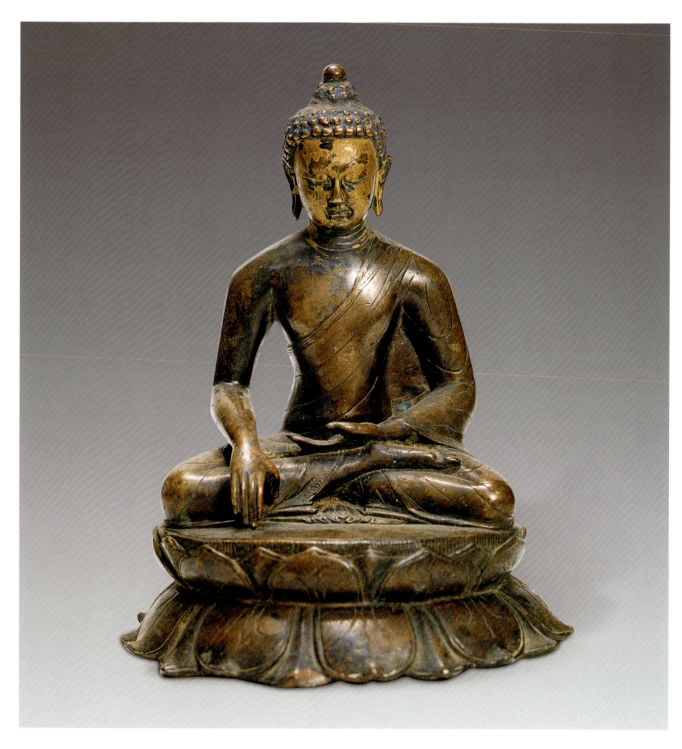

62　铜释迦牟尼像

14世纪

高22、宽16.2厘米

中国国家博物馆藏

佛高肉髻，螺发，眉间有白毫，面颊丰满，眉目修长，宽肩，着右袒式
袈裟，袈裟贴身，有阴刻衣纹。结跏趺坐于莲台上，右手施触地印，左手结
定印。束腰仰覆莲台，莲瓣宽大厚重。此像是一件具有尼泊尔风格的造像，
具有特别重要的历史、艺术价值，定为国家馆藏壹级文物。

63　铜阿閦佛坐像

14世纪

高25、宽19.5厘米

中国国家博物馆藏

佛像高肉髻，螺发，眉间有白毫相，宽肩细腰，着右袒式袈裟，结跏趺坐于莲台上。右手膝前施触地印，左手腹前结定印。莲台为束腰仰覆莲，莲瓣宽大，饱满，上沿有细联珠纹。这是一件元代西藏西部造像，造像双耳、指下有铜支柱，袈裟也饰红铜条纹，是西藏西部常用的制作工艺手法，具有特别重要的历史、艺术价值，定为国家馆藏壹级文物。

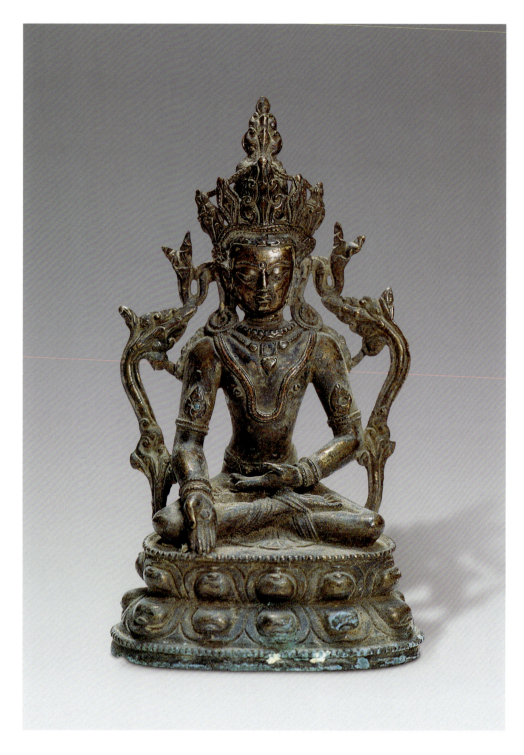

64　铜宝生佛坐像

14世纪

高16、宽8.5厘米

中国国家博物馆藏

　　佛像菩萨装，高发髻，戴宝冠，冠带飘于两侧，眉间有白毫相，戴大耳环，袒上身，饰项圈璎珞，臂钏手镯，长裙裹膝，结跏趺坐于莲台上。右手施与愿印，左手结定印，身两侧有花蔓两枝上连冠带，宝冠上有连线。莲台为束腰仰覆莲，莲瓣宽厚圆润，尖部微卷，上下有细联珠纹装饰。此像为藏西地区所造，具有特别重要的历史、艺术价值，定为国家馆藏壹级文物。

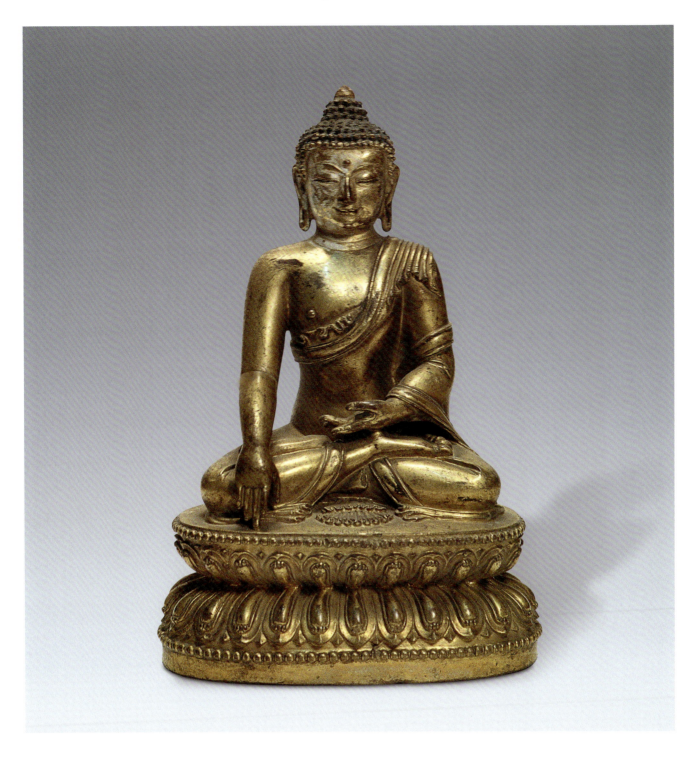

65 铜鎏金释迦牟尼像

明·永乐（1403～1424年）

高19.5、宽13厘米

中国国家博物馆藏

佛高肉髻，螺发，眉间有白毫。着右袒式袈裟，腰间露出内衣褶皱，袈裟贴身裹腿。结跏趺坐于莲台上，左手结定印，右手施触地印。束腰重瓣仰覆莲台，上下有联珠纹边饰，台面像前刻有"永乐年施"款。明永乐、宣德年间，宫廷制作大量佛像赐给西藏宗教领袖。这件以汉地传统工艺与西藏造像艺术相结合制作的佛像，工艺精湛，有明确年号，是研究明代造像的珍贵资料，具有特别重要的历史、艺术价值，定为国家馆藏壹级文物。

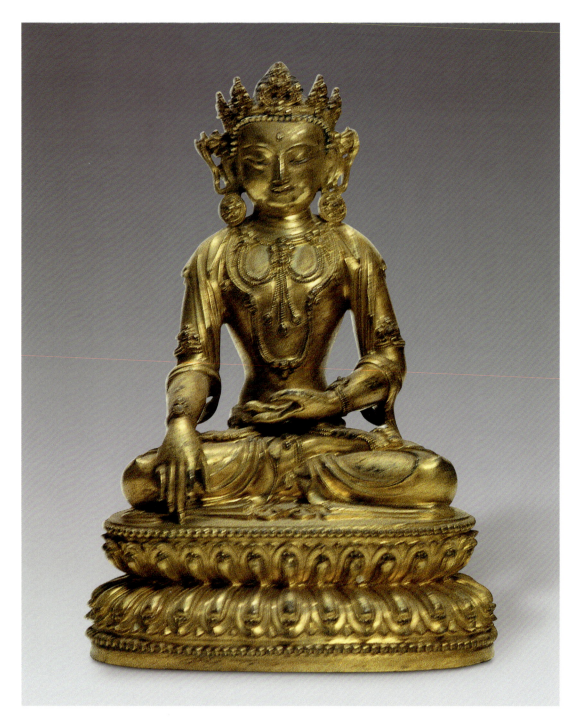

66 铜鎏金阿閦佛像

　　明·永乐（1403～1424年）

　　高21、宽14.5厘米

　　中国国家博物馆藏

　　佛像束发，戴宝冠，冠带飘于面部两侧，戴耳环，袒上身，肩帔帛，帛带绕前臂下垂，戴项链、璎珞、臂钏、手镯。右手施触地印，左手结定印。下着长裙，长裙裹膝，结跏趺坐于莲台之上。莲台为束腰仰覆莲，莲瓣窄长，造型自然，线条流畅，上下沿有联珠纹装饰，莲台前台面有"大明永乐年施"刻题。此像制作精美，是研究明代宫廷造像的重要资料，具有特别重要的历史、艺术价值，定为国家壹级文物。

67 铜鎏金自在观音坐像

明·永乐（1403～1424年）

高22.5、宽12厘米

中国国家博物馆藏

菩萨戴宝冠，戴耳环，袒上身，身饰项圈、璎珞、臂钏、手镯。下着长裙，右腿舒垂，脚踏莲花，左腿上盘，半跏趺坐于束腰莲台上，姿态优美。双肩生莲花。台面左侧有"大明永乐年施"题款，是明代宫廷制作。这件作品金色充足，形体自然优美，是研究明代宫廷造像的珍贵资料，具有特别重要的历史、艺术价值，定为国家馆藏壹级文物。

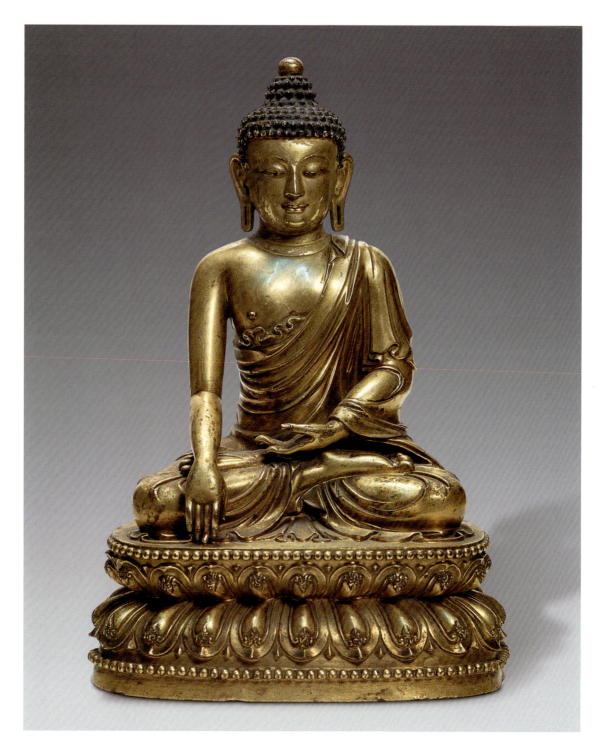

68 铜鎏金释迦牟尼像

明·宣德（1426～1435年）

高27.5、宽19厘米

中国国家博物馆藏

佛像高肉髻，螺发，着右袒式袈裟，腰间露出内衣褶皱，袈裟贴身裹腿。结跏趺坐于莲台上，左手腹前结定印，右手膝前施触地印。束腰重瓣仰覆莲台，尖部有卷纹，上下有联珠纹边饰，台面像前刻有"大明宣德年施"题款。这件以汉地传统工艺制作的西藏佛像，面相丰满，衣纹流畅，铸造工艺精湛，是研究明代造像的珍贵资料，具有特别重要的历史、艺术价值，定为国家馆藏壹级文物。

69 铜鎏金阿閦佛像

明·宣德（1426～1435年）

高25.5、宽17.3厘米

中国国家博物馆藏

佛像束发，戴宝冠、耳环，袒上身，肩帔帛，帛带绕臂垂于身侧，身戴项链、璎珞、臂钏、手镯。右手膝前触地，左手腹前结定印。下身着长裙，长裙裹膝，结跏趺坐于莲台上，莲台为束腰仰覆莲，莲瓣瘦长，尖部有卷纹，上下有联珠纹装饰，莲台前面有"大明宣德年施"题刻。明永乐、宣德年间，宫廷制作大量佛像赐给西藏宗教领袖。此像是研究中原地区藏传佛教造像艺术和历史的珍贵资料，具有特别重要的历史、艺术价值，定为国家馆藏壹级文物。

70 琉璃杨氏造罗汉像

明·成化二十一年（1485年）

高125厘米

故宫博物院藏

罗汉面容丰腴。内着宽袖右衽
僧衣，外披带钩环的袈裟，衣褶自
然下垂。双腿盘坐，左手心朝上，
右手二指横指。台座为束腰岩石状
方座。胎色白中略带黄，釉色以
黄、绿为主。像背部有发愿文"功
德施主杨□同妻杨张氏……成化
二十一年……"。此像造型端庄优
美，有明确纪年，具有特别重要的
历史、艺术价值，定为国家馆藏壹
级文物。

71　铁姚举施罗汉像

明·弘治十年（1497年）

高113厘米

故宫博物院藏

　　罗汉前额突出，双眉粗长，眼睑下垂，鼻直口方，双耳下垂近肩。身着袈裟，结跏趺坐。衣服前右下铸有阳文"大明弘治丁巳年造太监姚举施"。此像铸造精美，神态生动，富有生活气息，虽左手残缺右手指残，仍具有特别重要的历史、艺术价值，定为国家馆藏壹级文物。

15世纪
高37、宽30.5厘米
中国国家博物馆藏

　　佛像高髻，螺发，双耳垂肩，眉间有白毫相，双手结转法轮印，袒右肩，着袈裟，袈裟贴身，紧裹双腿，结跏趺坐于莲台上。莲台为束腰仰覆莲，莲瓣圆润丰满，尖部有卷纹。此像制作工艺较高，具有特别重要的历史、艺术价值，定为国家馆藏壹级文物。

73 铜鎏金上乐金刚像

15世纪

高16.8、宽9.2厘米

中国国家博物馆藏

上乐金刚又称胜乐金刚，是五部金刚之一，密修本尊之一。金刚四面十二臂，每面三目，头戴五骷髅冠。主臂双手拥明妃金刚亥母并持铃与杵，第二双手上举象皮搭身，第三双手持斧与骷髅碗，第四双手持钺刀与绳索，第五双手持三叉戟与人头，第六双手持手鼓与骷髅杖。明妃一面三目，手持钺刀、骷髅碗，身饰人头挂链，制作精湛。此像具有特别重要的历史、艺术价值，定为国家馆藏壹级文物。

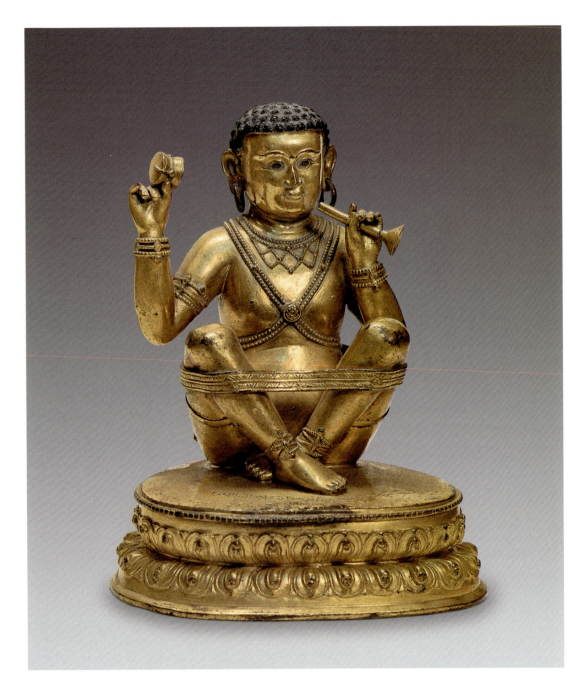

74　铜鎏金帕丹巴桑结坐像

15世纪

高19、宽15厘米

中国国家博物馆藏

　　帕丹巴桑结（？～1117年），印度高僧，曾先后五次进藏，在前藏与后藏南部传法，门徒众多。此像卷发、浓眉大眼，戴耳环，身饰项圈、璎珞、臂钏、手镯，右手持手鼓，左手持喇叭。双腿系禅定带坐于莲台上。台面刻藏文铭，意为祈愿父母、妹妹和所有众生得到菩萨的保佑。造像表情肃穆，似在专心修持，是研究14～16世纪高僧的宝贵资料，具有特别重要的历史、艺术价值，定为国家馆藏壹级文物。

75 铜鎏金文殊菩萨坐像

17世纪

高37.5、宽32厘米

中国国家博物馆藏

文殊菩萨为八大菩萨之一，主司智慧。造像宝冠华丽，高发髻，戴耳环。袒上身，戴项圈、璎珞、臂钏、手镯，双手胸前结说法印，左肩莲花上托经箧。下身着裙，结跏趺坐于莲台上。莲台为束腰仰覆莲，莲瓣双重，舒展圆润，上沿饰细联珠纹，下边沿錾缠枝纹。造像饰件镶嵌缘松石，华丽美观。此像制作工艺精致，具有特别重要的历史、艺术价值，定为国家馆藏壹级文物。

76 铜石叟款观音立像

明晚期（1573～1644年）

高70.4厘米

故宫博物院藏

菩萨披斗篷戴风帽，下着长裙，垂手立于波涛之上，面容祥和，形象庄严。铜质光润，衣缘及底托嵌有银丝镶嵌花纹。背后嵌银丝篆书"石叟"二字款识。此像是明代晚期雕塑艺术的典型作品，具有特别重要的历史、艺术价值，定为国家馆藏壹级文物。

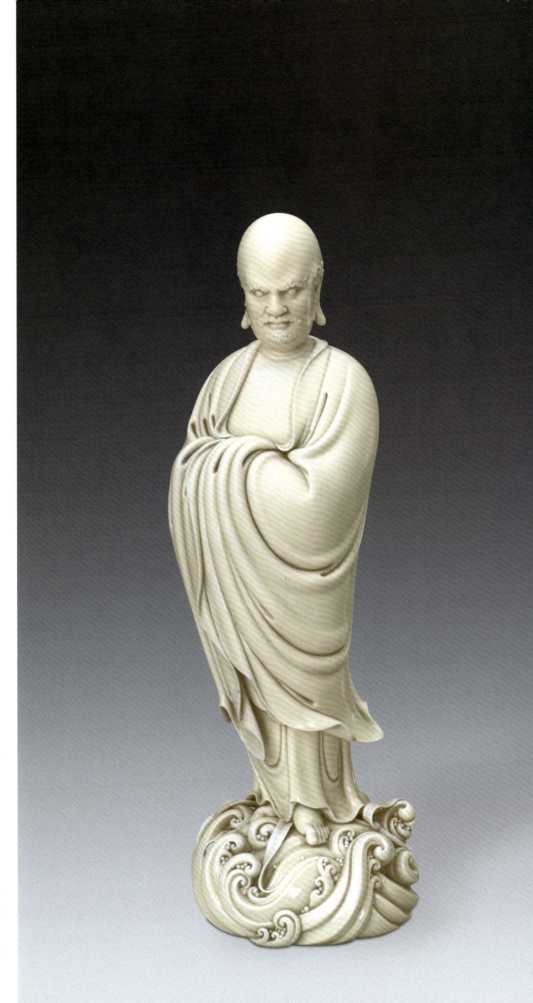

77　德化瓷何朝宗款达摩游渡海立像

明（1368～1644年）

高43厘米

故宫博物院藏

达摩立于波涛汹涌的海浪上，细致入微，体现出作者的瓷雕艺术风格和明代德化窑的烧瓷技艺。背后有葫芦形何朝宗款印。此像具有特别重要的历史、艺术价值，定为国家馆藏壹级文物。

78 铜鎏金毗卢遮那佛像

明 (1368～1644年)

高19、宽12.5厘米

中国国家博物馆藏

佛像高髻，螺发，眉间有白毫相，手托法轮，这是大日如来的标识。着右祖式袈裟，衣纹贴体，结跏趺坐于莲台上。莲台为束腰仰覆式，莲瓣瘦长，线条流畅，双重莲瓣，圆润自然，是典型的明代风格。此像具有特别重要的历史、艺术价值，定为国家馆藏壹级文物。

79 铜鎏金弥勒菩萨坐像

明 (1368～1644年)

高51、宽35.5厘米

中国国家博物馆藏

弥勒戴宝冠，高发髻，髻前有宝塔，这是弥勒的标识。祖上身，帔帛，帛带绕臂下垂身侧。头微侧倾，戴耳环，身饰项圈、璎珞、臂钏、手镯，双手胸前牵莲枝，莲朵一侧托宝瓶，一侧托法器。下身着裙，长裙裹膝，衣纹流畅，结跏趺坐于莲台上。莲台为束腰仰覆莲，双重宽瓣，尖部有卷曲纹，台沿饰细联珠纹，工艺精湛。冠饰与身饰镶嵌绿松石与红珊瑚。此像具有特别重要的历史、艺术价值，定为国家馆藏壹级文物。

80 铜漆金圣公坐像

明（1368～1644年）

高167厘米

湖北省武当博物馆藏

圣公即孔子的后代。呈坐姿，此像头戴高冠，穿云头履。绵带下垂，膝间打蝴蝶结，帔帛从两肩下垂，飘于足之两侧。三绺长髯，宽袖长袍，双手持笏版，俨然是天官形象。此像表情和悦，姿态端庄，体态饱满，线条流畅，细部刻画精美，技艺圆熟，具有特别重要的历史、艺术价值，定为国家馆藏壹级文物。

81　铜漆金圣公坐像

明（1368～1644年）

高72.5厘米

湖北省武当博物馆藏

圣公即孔子的后代。此像头戴高冠，三绺长髯，内着交领衣，外罩宽袖长袍，双手持笏版（失落），坐于四足方台座上，应是天官形象。此像表情和悦，姿态端庄，体态饱满，线条流畅，细部刻画精美，技艺圆熟，具有特别重要的历史、艺术价值，定为国家馆藏壹级文物。

84 铜敷彩斗姆坐像

明（1368～1644年）

高61厘米

湖北省武当博物馆藏

斗姆，又称"斗姥"。斗指北斗众星，姆即母也，斗姆即北斗众星之母，道教尊称为"圆明道母天尊"，简称"先天道姥"，谓之"象道之母"。道教的一些主要宫观，也有设有斗姆殿的。斗姆像一般呈多首、多臂的女像。此像为一首六臂，头戴宝冠，肩上二手上扬，主臂两手合掌，下方两手持经卷及宝镜。结跏趺坐于莲花座，下方为六角形台座，壶门部分为托举力士。此像造型显然受佛像影响，铸造精美，具有特别重要的历史、艺术价值，定为国家馆藏壹级文物。

85 铜敷彩关天君站像

明（1368～1644年）

高59.5厘米

湖北省武当博物馆藏

关天君是道教对三国蜀汉大将关羽的尊称，又称"关圣帝君"、荡魔真君、伏魔大帝等，是道教奉侍的主要护法神。其像头戴幞头，面庞丰满，蚕眉紧蹙，凤眼微睁，表情威严，气质刚毅。右手捻五绺长髯，左手握青龙偃月刀（失落），身着铠甲，外罩战袍，足登云靴，腰束带，威风凛凛的站立于四足座之上。此像具有特别重要的历史、艺术价值，定为国家馆藏壹级文物。

86　铜张三丰坐像

明 （1368～1644年）

高141.5厘米

湖北省武当博物馆藏

　　张三丰为明代著名道士，名全一、君宝，号元元子，因其不修边幅又号张邋遢，辽东懿州（今辽宁彰武县）人。史称他龟形鹤背，大耳圆目，须髯如戟，曾在武当山修道，明太祖、成祖多次遣使求之，不遇。明英宗封其为"通微显化真人"。张三丰戴圆形冠，面相丰颐，长髯，大耳，表情恬然超脱。内着交领衣，外罩袍服，足踏云履，端坐于雕花石宝座上。此像雕刻技法圆润，衣纹表现流畅生动，质感颇强，具有特别重要的历史、艺术价值，定为国家馆藏壹级文物。

87 铜敷彩九曜星君

明（1368～1644年）

高73厘米

湖北省武当博物馆藏

九曜星君即太阳星君、太阴星君、金德星君、木德星君、水德星君、火德星君、土德星君、罗睺星君与计都星君。此像圆睁怒目，表情威猛，身着铠甲战袍，下着战靴，右手上扬握拳，左手持兵器（残损），姿态夸张生动，代表了明代雕刻的高度水准，具有特别重要的历史、艺术价值，定为国家馆藏壹级文物。

88　铜鎏金六世达赖仓央嘉措坐像

18世纪

高21、宽17.2厘米

中国国家博物馆藏

六世达赖仓央嘉措（1683～1706年）像头戴格鲁派僧帽，右肩生莲花，左手托宝瓶，长袍裹身，腰插普巴杵，这是宁玛派的标帜。结跏趺坐于双层座垫上，座垫錾刻流云纹，细致美观。仓央嘉措在世仅24年，但留下了不朽的诗篇，《仓央嘉措情歌》至今仍为广大藏族人民传唱。此像显示了其年轻、多情的神态，是一件研究仓央嘉措的重要资料，具有特别重要的历史、艺术价值，定为国家馆藏壹级文物。

89　铜鎏金都松钦巴坐像

18世纪

高24.5、宽21.5厘米

中国国家博物馆藏

　　都松钦巴（1110～1193年）意译为"知三世"，是藏传佛教噶举派四大支系之一噶玛噶举的创始人，是岗波圣地著名的苦修者，1147年建噶玛丹萨寺，噶玛噶举由此而得名。这尊都松钦巴像，头戴噶举派红帽，面相平和，面颊清瘦，成功塑造出一老者形象。内穿交领式坎肩，斜着法衣，外披肩衣。结跏趺坐于座垫上，左手腹前结禅定印，右手施降魔印。此像是研究此时期肖像制作的宝贵资料，具有特别重要的历史、艺术价值，定为国家馆藏壹级文物。

90 寿山石玉璇款罗汉像

清（1644～1911年）

高7厘米

故宫博物院藏

罗汉内着交领衣，外披袈裟，双手捧宝塔，神态安详，雕刻精细，背后镌有"玉璇"款。此像是清代著名雕刻家杨玉璇的代表作品，具有特别重要的历史、艺术价值，定为国家馆藏壹级文物。

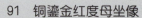

91 铜鎏金红度母坐像

清（1644～1911年）

高26、宽18厘米

中国国家博物馆藏

红度母又称最勇度母，为二十一救度母之一，是观音菩萨的化身。度母头戴冠，双耳戴耳环，一面八臂，主臂高举双手交叉在额前，手持铃与杵。余六臂，右侧三臂持箭、轮、剑，左侧三臂持号、弓、索。祖上身，身饰项圈、璎珞。下着裙，长裙裹膝，结跏趺坐于莲台上。莲台为束腰仰覆莲，下有一三角台面相托。此像对研究藏传佛教造像具有特别重要的历史、艺术价值，定为国家馆藏壹级文物。

92　铜吴洛宗造观世音立像

北魏·太和十一年（公元487年）

通高15.5厘米

故宫博物院藏

观世音头戴宝冠，面长圆，上身袒，肩搭帔帛，下身着裙，左手提净瓶，右手执长茎莲蕾，身后有火焰纹背光，立于圆形座上，下为四足台座，上刻铭文"太和十一年七月二日……吴洛宗……造观世音像一区（躯）……。"此像有明确纪年，具有重要的历史、艺术价值，定为国家馆藏贰级文物。

93 铜辟玉之造观音立像

北魏·延昌三年（公元514年）

高11.8厘米

故宫博物院藏

菩萨戴宝冠，右手执莲蕾，左手提净瓶，身着帔帛。身后附莲瓣式火焰纹背光，立于覆莲圆座上。像背刻铭："延昌三年四月一日，辟玉之居家大小造观世音像一区（躯）……。"此像保存完整，有明确纪年，具有重要的历史、艺术价值，定为国家馆藏贰级文物。

94 铜刘伏保造弥勒像

北魏·永安二年（公元529年）

高13厘米

故宫博物院藏

弥勒高肉髻，袈裟搭左手臂，底为四足梯形方台座。座正前有一莲花童子托物。

座刻铭文："永安二年□月廿日佛……刘伏保造弥勒像一区（躯）……。"该像有纪年、造像名号和造像人铭记，具有重要的历史、艺术价值，定为国家馆藏贰级文物。

95 石弥勒坐像
北魏晚期（公元525～534年）
高25.5厘米
河北省曲阳县修德寺遗址出土
故宫博物院藏
弥勒肉髻，着通肩大衣，内着
僧祇支，双手施无畏、与愿印。人
物形象庄重，衣纹繁密，方座后刻
"弥勒世尊"四字。背光小修，该
像具有重要的历史、艺术价值，定
为国家馆藏贰级文物。

96 铜观音菩萨立像

北魏（公元420～534年）

高9厘米

故宫博物院藏

　　菩萨戴宝冠，宝缯横折下垂，帔帛在腹前交叉后绕肘向下飘垂，手持莲花、净瓶而立。身后背光饰有五尊化佛及火焰纹，背光两侧边缘饰飞天、莲花及供养人。形制独特新颖，运用了镂空技法，具有重要的历史、艺术价值，定为国家馆藏贰级文物。

97 铜鎏金张小兴造观世音像

东魏·天平二年（公元535年）

高14.3厘米

故宫博物院藏

观世音右手持净瓶，立于双层床跌上，身后为火焰纹背光。衣饰刻造不清。床跌上刻铭："唯大代天平二年六月廿三日定州常山郡行唐县清信士佛弟子张小兴造观世音像一区（躯）……。"对研究古代金铜佛像提供了时代标准，具有重要的历史、艺术价值，定为国家馆藏贰级文物。

98　铜刘继保造观世音立像

东魏·天平二年（公元535年）

高14.5厘米

故宫博物院藏

菩萨头戴宝冠，帔帛在腹前交叉后搭于腕上，施无畏、与愿印，身后附头光、身光及火焰纹背光。四足台座正面刻几何纹样，侧面及背面刻铭："天平二年正月廿一日，佛弟子刘继保遭苦难，敬愿造观世音像一区（躯）……。"该像时代风格鲜明，且有明确纪年。具有重要的历史、艺术价值，定为国家馆藏贰级文物。

99 铜僧成造弥勒像

南朝·梁·大同三年（公元537年）

高10.5厘米

故宫博物院藏

弥勒外穿袈裟，内着僧祇支，立于覆莲台座上，左右二弟子陪侍。背光为火焰纹，项光刻莲瓣。背光后面刻铭："大同三年七月十二日比丘僧成造□（弥）勒像一区（躯）。"南朝铜造像发现较少，有年款、供养人、带发愿文者更为少见，具有重要的历史、艺术价值，定为国家馆藏贰级文物。

100 石朝阳村卅人造释迦牟尼坐像

东魏·天平四年（公元537年）

残高51厘米

河北省曲阳县修德寺遗址出土

故宫博物院藏

佛高肉髻，面形略长，身着褒衣博带式袈裟，下摆垂于台座，内着僧祇支，施禅定印，结跏趺坐，背光已残，座背刻铭："天平四年三月丙寅朔廿八日，朝阳村邑义男子、女人卅人等，谨造释迦像一区（躯）……。"此像雕刻手法细腻，且有明确纪年。具有重要的历史、艺术价值，定为国家馆藏贰级文物。

101 石惠照造思惟像

东魏·元象二年（公元539年）

高48.5厘米

河北省曲阳县修德寺遗址出土

故宫博物院藏

菩萨戴宝冠，宝缯上飘，手执莲蕾，作思惟状，半跏趺坐。帔巾外侈，坐于覆莲圆座之上，方形台座背面刻铭："元象二年正月一日，佛弟子比丘尼惠照造思惟玉像一区（躯）……"此像造型独特，古朴典雅，虽于足等处多有残损，仍具有重要的历史、艺术价值，定为国家馆藏贰级文物。

102　石赵道成造释迦牟尼多宝像

东魏·兴和三年（公元541年）

残高22厘米

河北省曲阳县修德寺遗址出土

故宫博物院藏

释迦牟尼、多宝并坐方座上，衣着、手势、坐姿均相同，背光残缺。座上刻铭为
"兴和三年八月廿九日，佛弟子赵道成造多宝像一区（躯），上为皇帝、下为家居眷属
□□□□合同此愿。"该像具有重要的历史、艺术价值，定为国家馆藏贰级文物。

103 铜鎏金兄弟三人造观世音像

北齐·天统二年（公元566年）

高16.5厘米

故宫博物院藏

菩萨头戴宝冠，宝缯横褶下垂，帔帛
于腹前交叉，施无畏印和与愿印，立于宝
装莲花圆座上。莲瓣形火焰纹背光。四足
台座刻铭："天统二年七月十五日，佛
弟子弓□□兄弟三人愿敬造观世音像一区
（躯）……。"该像雕刻精细，有明确纪
年，具有重要的历史、艺术价值，定为国家
馆藏贰级文物。

104 石双思惟菩萨坐像

北齐（公元550～577年）

残高31厘米

河北省曲阳县修德寺遗址出土

故宫博物院藏

两菩萨戴宝冠，素裙贴身，作思惟状，半跏趺坐。圆形素面项光。菩萨两侧有六棱形龛柱（龛楣已残失），龛柱两侧站立二胁侍菩萨。基座正面浮雕力士托博山炉及二弟子、二护法狮、二力士。反映了北齐时期白石造像的雕刻风格，虽造像上部残缺，仍具有重要的历史、艺术价值，定为国家馆藏贰级文物。

105　石菩萨立像

北齐（公元550～577年）

通高40厘米

河北省曲阳县修德寺遗址出土

故宫博物院藏

　　菩萨头戴宝冠，宽额方颐，宝缯下垂，帔帛结节于腹前，手持莲蕾，立于单瓣覆莲圆座上，素面背光，台座正面浮雕博山炉和二护法狮。此像雕刻古朴典雅，虽背光等处多有修复，仍具有重要的历史、艺术价值，定为国家馆藏贰级文物。

106 铜郭清醜造弥勒菩萨倚坐像

隋·开皇元年（公元581年）

高10.5厘米

故宫博物院藏

弥勒头饰宝缯，身披帔帛，跣足，倚坐，足踩莲座，下为方形四足床跌。床跌刻铭文："开皇元年十二月四日，佛弟子郭清醜为七世父母所生父母因缘眷属造弥勒铜像一区（躯）。"该像虽造作粗简，但有纪年等铭文，仍具有重要的历史、艺术价值，定为国家馆藏贰级文物。

107　铜吕生斌造观世音立像

隋·仁寿元年（公元601年）

高15厘米

故宫博物院藏

菩萨头戴宝冠，右手执柳枝，左手提净瓶，肩披长巾顺臂下垂，项、胸饰有璎珞垂至膝间，着长裙，莲瓣形项光饰火焰纹。四足台座刻铭："仁寿元年五月廿八日，佛弟子吕生斌愿造观世像一区（躯）……。"此像体态生动，有明确纪年。具有重要的历史、艺术价值，定为国家馆藏贰级文物。

108　石王处信造佛坐像

唐·永隆元年（公元680年）

高45.5厘米

故宫博物院藏

佛高肉髻，有损。火焰纹项光，身着袈裟，右手作说法印，左手抚膝，结跏趺坐，大衣垂台前。佛两侧于覆莲圆座上各立一菩萨。座基正面刻有供养人及博山炉，并刻铭："王举妻与新妇冯供养佛时，王处信及男仁藉供养佛时。永隆元年十月廿日，王处信为亡父敬造阿弥陀像一铺……。"背部右上方残缺。此像时代风格突出，具有重要的历史、艺术价值，定为国家馆藏贰级文物。

109　陶苏常侍造善业泥

唐（公元618～907年）

高6.2、宽6.3厘米

故宫博物院藏

周边饰花纹。中有佛、菩萨像十二尊，分三层，像身均涂金，作禅定印或降魔印，结跏趺坐。背后有铭："印度佛像。大唐苏常侍等共做。"此善业泥铭文指明所造为印度佛像和做像人，善业泥涂金也属少见，体量虽小，仍具有重要的历史、艺术价值，定为国家馆藏贰级文物。

110 陶大唐善业泥

唐（公元618～907年）

高17.5、宽13.2厘米

故宫博物院藏

尖拱龛形，边有廓，内为一佛、二菩萨及过去七佛，共十尊。背有铭文："大唐善业泥压得真如妙色身。"此善业泥具有重要的历史、艺术价值，定为国家馆藏贰级文物。

111　铜鎏金十一面观音像

唐（公元618～907年）

高12.5厘米

故宫博物院藏

　　观音头像有十一面，胸饰璎珞，身着帔帛长裙。左手执柳枝，右手提净瓶。造型生动，为唐代密宗造像，存量较少，台座为后补。具有重要的历史、艺术价值，定为国家馆藏贰级文物。

112　铜十一面观音像

唐（公元618～907年）

高22厘米

故宫博物院藏

此像为十一面六臂观音，十一
面造型独特。六臂上下左右依次排
列：中间双手合十；右侧手执莲蕾
和绳索；左侧手托法轮、提净瓶。
菩萨饰项圈，着帔帛长裙。造型生
动，是唐代较早出现的密宗观音。
具有重要的历史、艺术价值，定为
国家馆藏贰级文物。

113 铜鎏金佛坐像

唐（公元618～907年）

通高15.5厘米

故宫博物院藏

佛高肉髻，面形圆润，大耳垂肩，着袒右式袈裟，袈裟下摆垂台前，作说法印，结跏趺坐于束腰高台座上，镂空火焰纹光背。制作精美，有明显的唐代特征，具有重要的历史、艺术价值，定为国家馆藏贰级文物。

五代（公元907~960年）

高38厘米

故宫博物院藏

　　观音头戴宝冠，身饰璎珞，其面部刻画生动，两眉细弯，两眼平视前方，鼻高直，善跏趺坐（座已失）。手执各种法器，形象生动多姿，具有重要的历史、艺术价值，定为国家馆藏贰级文物。

115 铜鎏金观音立像

辽（公元907~1123年）

高13.8厘米

故宫博物院藏

　　菩萨高发髻，髻中有化佛，戴风帽，双手托一含苞待放的莲花，下为束腰方台座。观音塑造生动，具有重要的历史、艺术价值，定为国家馆藏贰级文物。

116　铜文殊像

北宋（公元960～1127年）

高17.2、宽7.5、座长9.4厘米

故宫博物院藏

文殊菩萨体态自然，舒坐于莲台上，狮子张口似吼，下为叠涩龟脚长方座。此造像具有重要的历史、艺术价值，定为国家馆藏贰级文物。

117 铜鎏金如来佛坐像

明·洪武二十九年（1396年）

通高5.8厘米

故宫博物院藏

佛高肉髻，面形方颐，身着双领下垂式袈裟，内着僧祇支，作降魔成道印，结跏趺坐于单瓣仰莲圆座上，座下为六角形束腰须弥座，束腰处镌刻"周府欲报四恩，命工铸造佛相（像），……洪武丙子四月吉日施。"此像铸造工艺精细，有名款，具有重要的历史、艺术价值，定为国家馆藏贰级文物。

118 铜高义造地藏菩萨坐像

明·正统九年（1444年）

通高21厘米

故宫博物院藏

像作沙门形，身着袈裟，左手托宝珠，结跏趺坐于束腰台座上，座前正中匍匐一兽，座后刻铭"大明正统九年岁次甲子造佛人高义。"此像工艺考究，且有纪年。具有重要的历史、艺术价值，定为国家馆藏贰级文物。

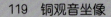

119　铜观音坐像

明·嘉靖六年（1527年）

高23.5厘米

故宫博物院藏

观音着斗篷式袈裟，胸饰璎珞，袈裟覆盖双手。像背刻铭："嘉靖六年三日造，可□（聪）。"为明嘉靖时观音像中铸造较为精美者，具有重要的历史、艺术价值，定为国家馆藏贰级文物。

120　铜王就造阿閦佛坐像

明·嘉靖四十二年（1563年）

高25.5厘米

故宫博物院藏

阿閦佛螺髻，身着袈裟，袒胸，结跏趺坐于仰覆莲座上。座背后刻铭："崞县王就都信士造佛……嘉靖四十二年六月吉日造。"此像铜材较精，铭文中有造像人及铸造时间，为明代中晚期造像断代提供了标准，具有重要的历史、艺术价值，定为国家馆藏贰级文物。

121 铜邓洛造漆金观音坐像

明·万历·丁酉（1597年）

高25厘米

故宫博物院藏

　　观音头戴宝冠，施禅定印，坐须弥座上，下为四足方形台座，座
两侧为宝瓶、鹦鹉。像背后刻铭："信士许□……铸观音一尊于家中
奉祀……万历丁酉岁八月吉日铸。南丰邓洛造。"该像造型新颖，且
有准确纪年，具有重要的历史、艺术价值，定为国家馆藏贰级文物。

122 铁栗大凰造普贤坐像

明·万历三十三年（1605年）

高47.3厘米

故宫博物院藏

菩萨头戴宝冠，胸饰璎珞，身披袈裟。右手施无畏印，左手作与愿印，结跏趺坐于仰莲圆座上，莲座置于卧象背部，象卧于双壶门基座上。像背有铭："万历三十三年九月匠人栗大凰"。该像有准确纪年，具有重要的历史、艺术价值，定为国家馆藏贰级文物。

123 铜鎏金药师佛像

14～15世纪

高27、宽32.5厘米

中国国家博物馆藏

药师佛即药师琉璃光如来，是东方琉璃净土的教主。据《药师如来本愿功德经》所记：他在成佛时曾发下二十大愿，愿除一切众生病苦，治无明痼疾，令一切众生身心安乐。这尊造像高肉髻、螺发，眉间有白毫，额宽，眉目修长，袒右肩斜披袈裟，右手持药果，长裙裹膝，结跏趺坐于束腰重瓣仰覆莲台上。整体造像比例匀称，制作精巧，艺术水平较高。为明代早期作品，具有重要的历史、艺术价值，定为国家馆藏贰级文物。

124 铜鎏金上乐金刚像

16世纪

高26、宽20厘米

中国国家博物馆藏

上乐金刚，又称胜乐金刚，是五部金刚大法的本尊佛。金刚拥明妃金刚亥母，一面二臂，头戴宝冠，金刚身挂人头链，双手执铃杵，相交于胸前，脚下踏大自在天与天妃，下为覆莲台座。造像金色较好，无缺损，形体线条流畅，时代特点明显，具有重要的历史、艺术价值，定为国家馆藏贰级文物。

125 铜鎏金阿閦佛像

16世纪

高28.5、宽18.5厘米

中国国家博物馆藏

佛像高肉髻，螺发，额宽，眉间有白毫相，额上有冠带，中有一朵宝石花，两侧耳上各有一朵小花，花下冠带垂肩。袒右肩，斜披袈裟，袈裟贴身裹膝，有花纹边饰。左手腹前结禅定印，右手施触地印，结跏趺坐于束腰莲台上。莲台为仰覆莲，重瓣，尖部上卷，上沿有联珠纹装饰。具有重要的历史、艺术价值，定为国家馆藏贰级文物。

126　铜鎏金弥勒菩萨像

16世纪

高25、宽15厘米

中国国家博物馆藏

　　弥勒，意为慈悲，八大菩萨之一，菩萨装的弥勒像，是弥勒在成佛前在兜率天宫为诸天说法的形象。这尊造像头戴宝冠，身披璎珞，帛带自然垂于膝侧，手结说法印于胸前，双手牵莲花，花蔓展开于左右两肩，左肩莲朵托宝瓶，右肩莲朵托法轮，宝瓶、法轮是弥勒的标志。弥勒下着长裙，倚坐于束腰的长方形台座上，双腿下垂，足踏莲花。该像工艺精细，保存完好。具有重要的历史、艺术价值，定为国家馆藏贰级文物。

127 铜尊胜佛母像

17世纪

高22、宽12.7厘米

中国国家博物馆藏

佛母三面八臂，每面三目，面相端庄。头梳高髻，戴宝冠，冠前花朵已残。袒上身，身披帔帛，主臂双手在胸前，一手执十字交杵，一手握绳索，其余六手：右侧一手上举托无量光化佛，一手执箭，一手膝前结与愿印。左侧一手上举执弓，一手结无畏印，一手腹前托宝瓶。下着裙，长裙盖膝，裙腰珠饰垂膝前，结跏趺坐于莲台之上，莲台为束腰仰覆式，莲瓣细长圆润，台下沿有梵文铭文。具有重要的历史、艺术价值，定为国家馆藏贰级文物。

128　石雕陈抟坐像

明（1368～1644年）

高110厘米

湖北省武当博物馆藏

陈抟（公元871～989年）为五代宋初著名的道教学者，字图南，自号"扶摇子"，赐号"希夷先生"。他继承汉代以来的象数学传统，并把黄老清静无为的思想、道教的修炼方术和儒家的修养、佛教的禅观汇归一流，对宋代理学有较大影响。后人称其为"陈抟老祖"。

此像头戴五梁冠，蓄须，浓眉，面相端庄，充满正气。身着圆领官服，宽袍大袖，袖手正襟危坐。整体造型端庄，衣纹流畅，富有立体感，是明代石雕的优秀之作。具有重要的历史、艺术价值，定为国家馆藏贰级文物。

129　石观音坐像

明（1368~1644年）

通高28.2厘米

故宫博物院藏

　　观音头戴宝冠，冠中现化佛，宝缯垂至肩部，面方颐，璎珞在胸部穿结后垂至膝下，裙摆覆座，右手作触地印，右足曲膝至于束腰方形台座上，左足垂踏于仰莲圆座，方座左下方伏卧一狮，体态丰满，有时代特征，具有重要的历史、艺术价值，定为国家馆藏贰级文物。

130　铜护法天王像

明（1368～1644年）

高28厘米

故宫博物院藏

像双目圆睁，肌肉突出。头戴天冠，身着铠甲，飘带上扬，足蹬战靴，形象威猛，有鲜明的时代特征。具有重要的历史、艺术价值，定为国家馆藏贰级文物。

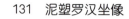

131 泥塑罗汉坐像

明（1368～1644年）

高27厘米

故宫博物院藏

罗汉口微张，表情丰富。身着僧袍，外披袒右式袈裟。罗汉双手均残，身上贴金，施红绿彩。有鲜明的时代特征，具有重要的历史、艺术价值，定为国家馆藏贰级文物。

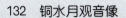

132 铜水月观音像

明（1368～1644年）

高15厘米

故宫博物院藏

菩萨头戴花蔓冠，宝缯垂肩，胸饰璎珞，身着帔帛长裙。右手提起帔帛一端，左手撑岩石座，游戏坐姿，神态娴静，形体线条流畅，时代特征明显。具有重要的历史、艺术价值，定为国家馆藏贰级文物。

133 铜鎏金观音坐像
明（1368～1644年）
高32厘米
故宫博物院藏

观音披斗篷裰裟，高髻，
项佩璎珞，双手揽左膝上。坐
于复瓣仰莲圆座上。两侧为善
财童子和龙女，表现了童子拜
观音的场面。题材新颖，制作
精美，属明晚期作品。具有重
要的历史、艺术价值，定为国
家馆藏贰级文物。

134 铜鎏金菩萨坐像

明（1368～1644年）

高18.5厘米

故宫博物院藏

　　菩萨头戴发箍，正中有化佛。佩耳环，胸饰璎珞，上身披帔帛，下着长裙。右手托净瓶，左手持宝珠，呈游戏坐姿。像与像座分铸插合。此像制作精美，属明晚期作品。具有重要的历史、艺术价值，定为国家馆藏贰级文物。

135　木雕彩绘元始天尊像

明（1368～1644年）

高54.5厘米

湖北省武当博物馆藏

　　元始天尊是道教最高神灵"三清"尊神之一，生于太无之先，禀自然之气，亦称元始天王。

　　此天尊像束发，头戴莲花冠，面相丰满，蓄三绺长髯，表情宁静深沉，身着交领道袍，结跏趺坐于莲花座上。整体造型饱满，富有立体感，虽然双手残缺，仍具有重要的历史、艺术价值，定为国家馆藏贰级文物。

136 泥塑彩绘关羽像

明（1368～1644年）

高168厘米

故宫博物院藏

关羽字云长, 古河东解县 (今山西解州) 人, 三国蜀汉大将, 其忠勇的人格和事迹深受历代帝王和民众的敬仰, 宋元以后各地普遍建庙祀之。此像头戴幞头, 内着甲, 外罩短袍, 下着战靴, 面相丰满, 丹凤眼, 左手掌伸张有表现力, 整体动态生动, 充分表现了关羽豪放忠义的品格。山西雕塑历史悠久, 此像在脸部、手部及战甲等细部精细雕琢, 技艺卓越, 具有重要的历史、艺术价值, 定为国家馆藏贰级文物。

137 木雕彩绘老子立像

明（1368～1644年）

高89厘米

湖北省武当博物馆藏

老子本名李耳（约前580年～前500年），字伯阳，又称老聃，后人称其为"老子"，河南周口鹿邑人，在道教中老子是太上老君的第十八个化身。

此像为老子立像，他头戴巾，头微颔，内着裙，外罩道袍，似沉思状，站立于卷云台座上，整体姿态闲适，衣纹流畅，做工精美。具有重要的历史、艺术价值，定为国家馆藏贰级文物。

138 铜彩绘道德天尊坐像

明（1368～1644年）

高39厘米

湖北省武当博物馆藏

　　道德天尊是道教最高神明"三清"尊神之一，即老子。约自北魏起，又称太上老君。东晋葛洪的《神仙传》汇集群书所见之老子传记，或称老子先天地生，或称其母怀孕七十二年生，生而白发，故称老子。亦有称其母于李树下生，生而能言，指树而姓"李"。

　　此尊老子像头戴莲花冠，长髯下垂，身着交领道袍，左手抚凭几，右手似在说法，双腿垂坐。表情和悦，姿态安详，当年曾敷彩。具有重要的历史、艺术价值，定为国家馆藏贰级文物。

139 铜漆金真武太子立像

明（1368～1644年）

高71.5厘米

湖北省武当博物馆藏

真武太子传说为天上神仙下凡人间，通过修炼复归神仙之质，此像即是表现武当太子修道的情景。他披发，身着圆领短衣，正在挽袖握拳，似角力的情景。造型刚劲有力，姿态生动，线条流畅。具有重要的历史、艺术价值，定为国家馆藏贰级文物。

140 铜漆金赵天君立像

明（1368～1644年）

高67厘米

湖北省武当博物馆藏

武财神赵公明大元帅又称扶天广圣真
君。此像即是武财神赵天君，他头戴幞
头，身着铠甲，外罩短衣，手执钢鞭，威
风凛凛，站立于四足台座上。造型刚劲有
力，刻画深入，具有重要的历史、艺术价
值，定为国家馆藏贰级文物。

141 铜敷彩真武坐像

明（1368～1644年）

高68厘米

湖北省武当博物馆藏

此尊真武大帝，披发，身着铠甲，跣足，抚膝端坐。脚下有龟、蛇缠绕，喻北方之神。造像神态威严，体态丰满，衣纹流畅，富有立体感和写实性，代表了明代中期雕塑的高度水准。具有重要的历史、艺术价值，定为国家馆藏贰级文物。

142 铜鎏金灵官站像

明（1368～1644年）

高98厘米

湖北省武当博物馆藏

灵官是道教中的护法神，在武当山特别受到尊崇。此像头戴三角形幞头，身着铠甲，外罩战袍，表情凶悍，面目夸张。双手作运气状，姿态生动有力，富有幽默感。是明代雕刻的精品之作。具有重要的历史、艺术价值，定为国家馆藏贰级文物。

143 铜敷彩辛天君像

明 （1368～1644年）

高50厘米

湖北省武当博物馆藏

辛天君，道教之雷神，又称辛元帅。玉帝敕封为"雷部元帅"。

此像头戴幞头，身着铠甲，外罩短衣，帔帛飘逸，雄赳赳气昂昂地站立于山岩台座上。右手持雷鼓，表明他的身份是雷神。此像具有重要的历史、艺术价值，定为国家馆藏贰级文物。

144 铜漆金九天玄女立像

明（1368～1644年）

高73厘米

湖北省武当博物馆藏

　　九天玄女简称玄女，俗称九天娘娘、九天玄
女娘娘。原为中国古代神话中的女神，后经道教
增饰奉为女仙。传说她是一位法力无边的女神。
因除暴安民有功，玉皇大帝才敕封她为九天玄
女、九天圣母。

　　九天圣母乃上古之玄鸟，人头鸟身，所以此
像头戴凤冠，身着华贵衣饰，富丽堂皇，俨然人
间贵妇人形象。双手捧巾，上托宝印，象征其法
力。此像造型端庄，衣纹流畅，形象刻画富有写
实性，具有重要的历史、艺术价值，定为国家馆
藏贰级文物。

145 铜敷彩王灵官坐像

明（1368～1644年）

高76厘米

湖北省武当博物馆藏

王灵官是道教的护法镇山神将，和佛教的韦陀相似，是武当山中五百灵官的统帅，叫华光元帅，又叫五显灵官。专司镇守道观山门。

此像头戴幞头，金刚怒目，表情威猛，身着铠甲战袍，右手上扬，高举钢鞭，左手握拳，踞坐于宝座上。造型生动有力，线条刚劲，具有重要的历史、艺术价值，定为国家馆藏贰级文物。

146 铜漆金南方火龙站像

明（1368～1644年）

高67厘米

湖北省武当博物馆藏

南方司火之龙神。此像为龙首，头生双角，嘴部生须，蹙眉怒目，生动地刻画出龙神的形象。身着宽袍大袖官服，双手持笏板，袍服上满饰卷草纹，刻画细腻。此像表情生动传神，姿态有力，具有重要的历史、艺术价值，定为国家馆藏贰级文物。

147 铜敷彩关天君站像

明（1368～1644年）

高58厘米

湖北省武当博物馆藏

关天君是道教对三国蜀汉大将关羽的尊称，又称关圣帝君、荡魔真君、伏魔大帝等，是道教奉侍的主要护法神。其像头戴幞头，面庞丰满，蚕眉紧蹙，凤眼微睁，表情威严，气质刚毅。左手叉腰，右手握青龙偃月刀（失落），身着铠甲，外罩蟒袍，足登云靴，威风凛凛地站立于四足座之上。具有重要的历史、艺术价值，定为国家馆藏贰级文物。

148 铜水神站像

明（1368～1644年）

高61.5厘米

湖北省武当博物馆藏

水神是道教中司江河海湖乃至一切水源的神。此像头戴莲花冠，身着战甲，肩搭帔帛，类似佛教中的天王形象。表情威严，姿态有力。铠甲、战袍雕刻层次丰富，刻画细腻、写实，具有重要的历史、艺术价值，定为国家馆藏贰级文物。

149 铜鎏金释迦牟尼坐像

18世纪

高25.5、宽16.5厘米

中国国家博物馆藏

佛像高肉髻，螺发，眉间有白毫，双耳带环，佛身着袈裟，衣纹简练。左手于腹前托钵，右手于膝前施触地印，结跏趺坐于莲台上。造像比例匀称，具有重要的历史、艺术价值，定为国家馆藏贰级文物。

150　铜大黑天像

18世纪

高23.5、宽17.5厘米

中国国家博物馆藏

　　大黑天，梵语为"玛哈嘎拉"，是众护法神之首。这尊大黑天为六臂忿怒像，发似火焰竖立，发前束五骷髅冠，一面三目，裸上身，颈、腹以蛇为饰，六臂手腕缠蛇，背披象皮，一手握骷髅环，一手执三叉戟；中两手一手执骷髅，一手握索；前两手左托骷髅碗，右执钺刀。下身着虎皮裙，两腿右弓、左展，脚腕绕蛇，脚踏白象，下为莲台。造像形象威猛，面部生动，手中法器齐全，虽制作略粗糙，仍具有重要的历史、艺术价值，定为国家馆藏贰级文物。

151 铜鎏金龙尊王佛像

18世纪

高25、宽17厘米

中国国家博物馆藏

龙尊王佛,又称龙自在王佛,全称"龙种上尊王佛"。螺发、高肉髻,面相方圆,身披袈裟,下着长裙,裙腰齐胸。手作智拳印,结跏趺坐于莲台上。佛头后有七条蛇伸出,下身座前有蛇尾露出,是龙尊王的标志。面相、裙腰、莲瓣都具有清代中期风格,是研究清代造像的重要资料,具有重要的历史、艺术价值,定为国家馆藏贰级文物。

152　铜鎏金文殊菩萨像

18世纪

高24、宽13厘米

中国国家博物馆藏

　　文殊全称为"文殊师利"，意为妙德、妙吉祥，是八大菩萨之一，专司智慧。菩萨头戴宝冠，双手胸前牵莲枝，袒上身，身披帛带，饰项圈、璎珞，莲枝在左右双肩托经箧、利剑，这是文殊的标志。下着长裙，结跏趺坐于大仰莲台座上，下为束腰方台，台四角饰柱，中有金刚杵，象征坚不可推。菩萨身后有卷云纹背光，造型新颖，工艺细腻。具有重要的历史、艺术价值，定为国家馆藏贰级文物。

153 铜鎏金释迦牟尼立像

18世纪

高29.5、宽11.3厘米

中国国家博物馆藏

佛高肉髻，螺发，眉间有白毫，双耳
垂肩，身着圆领通肩大衣，袈裟紧贴身，
可见束腰裙带，衣纹流畅，右手施与愿
印，左手握衣角，立于莲台上，莲台为半
圆形单层覆莲，莲瓣宽，莲台下为束腰方
座。整体造像比例匀称，模仿早期造像风
格。具有重要的历史、艺术价值，定为国
家馆藏贰级文物。

叁级文物

154 铜潘□早造佛立像

北魏·正始四年（公元507年）

高12.5厘米

故宫博物院藏

佛高肉髻，着通肩大衣，施无畏、与愿印，两侧为胁侍菩萨。火焰纹背光，项光部分为莲花图案，底为四足方台座。背光后面刻铭为："正始四年七月戊午朔辛酉日潘□早造像愿夫妻长寿五男二女。"该像具有比较重要的历史、艺术价值，定为国家馆藏叁级文物。

155 铜菩萨立像

北魏中晚期（公元525～534年）

高13.3厘米

故宫博物院藏

菩萨头戴宝冠，饰宝缯，宝缯横出下垂至肩部，肩披帔帛，胸饰璎珞，手持枝及玉环，跣足，直立，下为方形台座。该像身躯十分简略，但仍具有典型的北魏中晚期秀骨清像风格，具有比较重要的历史、艺术价值，定为国家馆藏叁级文物。

156 铜释迦牟尼多宝像

北魏（公元420～534年）

高12.5厘米

故宫博物院藏

释迦多宝像与背光、床趺合铸，二佛眉目较清晰，背光饰火焰纹及化佛，四足台座。此像表现的是多宝佛于宝塔中分半座与释迦牟尼佛并坐的情景。具有比较重要的历史价值，定为国家馆藏叁级文物。

157 铜菩萨立像

北齐·武平四年（公元573年）

高10厘米

故宫博物院藏

菩萨戴冠，系宝缯，直立，莲瓣形头光，下为双层四足方形台座，正面刻"武平四年……"发愿文。双层四足台座造型较少，有明确的北齐纪年，具有比较重要的历史价值，定为国家馆藏叁级文物。

158 石菩萨立像

北齐（公元550～577年）

残高32厘米

故宫博物院藏

菩萨戴花蔓冠，圆形项光，袒
上身，着长裙，佩胸饰，戴璎珞。
肩搭帔帛，时代特征明显。左手持
莲蕾，右手提净瓶。膝以下残缺。
具有比较重要的历史、艺术价值，
定为国家馆藏叁级文物。

159 铜释迦多宝像

隋·开皇七年（公元587年）

高12.7厘米

故宫博物院藏

释迦多宝施禅定印，结跏趺坐于龛内，四足方形台座镌发愿文为"开皇七年四月八日佛弟子……"，可知释迦多宝像在隋代流行，具有比较重要的历史、艺术价值，定为国家馆藏叁级文物。

160 铜观世音立像

隋·开皇（公元581～600年）

高13.5厘米

故宫博物院藏

莲瓣形头光，六棱台托仰莲座，座下为方形四足台座，座上刻铭"开皇……定上为七世父母……造观世音一区（躯）。"虽锈蚀较重，仍具有比较重要的历史、艺术价值，定为国家馆藏叁级文物。

161 铜鎏金佛立像

隋（公元581～618年）

通高17.5厘米

故宫博物院藏

佛高肉髻，面略长，神态安然，身着袈裟，衣纹疏朗流畅，手已残，立于单瓣覆莲圆座上。有明显的时代特征，具有比较重要的历史、艺术价值，定为国家馆藏叄级文物。

162　石持排箫伎乐人坐像

隋（公元581～618年）

残高33.5厘米

故宫博物院藏

伎乐人手持排箫，上身
袒露，肩搭帔帛，着折腰长
裙，该像为伎乐诸天，刻划
简洁、准确，虽头部已失，
仍具有比较重要的历史、艺
术价值，定为国家馆藏叁级
文物。

163　陶兴福寺造佛像双塔善业泥

唐（公元618～907年）

高7厘米

故宫博物院藏

善业泥造型为长方形。正面有一佛像，作说法印，佛两
侧各立一塔，佛座下有二供养人。背面有后刻铭："仁寿二
年兴福寺造少陵原下眇行者书。"此善业泥体量虽小，但属
早期作品。具有比较重要的历史价值，定为国家馆藏叁级文
物。

164 铜观世音菩萨立像

　　唐（公元618～907年）

　　残高9.5厘米

　　故宫博物院藏

　　菩萨戴宝冠，手持柳枝与净瓶，直立，下为四足方形台座。面目、衣饰简略，体态生动。具有比较重要的历史、艺术价值，定为国家馆藏叁级文物。

165 铜鎏金连枝七佛像

　　唐（公元618～907年）

　　高10厘米

　　故宫博物院藏

　　七佛坐于莲茎相连的仰莲座上，呈连枝树形，对称。底为方形四足台座。七佛是佛教造像中常见的题材，具有比较重要的历史、艺术价值，定为国家馆藏叁级文物。

166 铜鎏金观世音菩萨像

唐（公元618～907年）

高15.5厘米

故宫博物院藏

观音右手持柳枝，左手提净瓶，斜披
璎珞，裙下摆略往外侈。像座造型新颖，
立于六面壶门台座上，为初唐的菩萨式
样。此像具有比较重要的历史、艺术价
值，定为国家馆藏叁级文物。

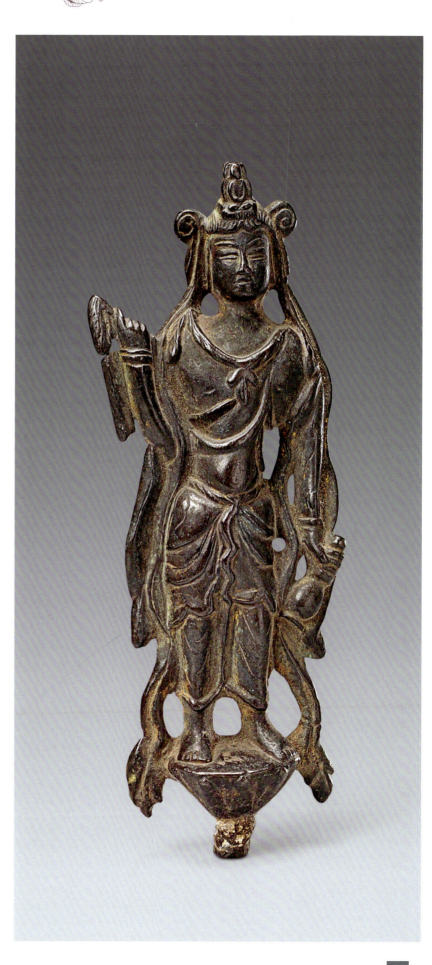

167　铜观世音像

唐（公元618～907年）

残高15厘米

故宫博物院藏

观音头戴宝冠，上有化佛，右手持柳
枝，左手提净瓶。胸挂项链，帔帛垂于体
侧，薄裙贴体，具有盛唐的时代风格。虽
台座已失，仍具有比较重要的历史、艺术
价值，定为国家馆藏叁级文物。

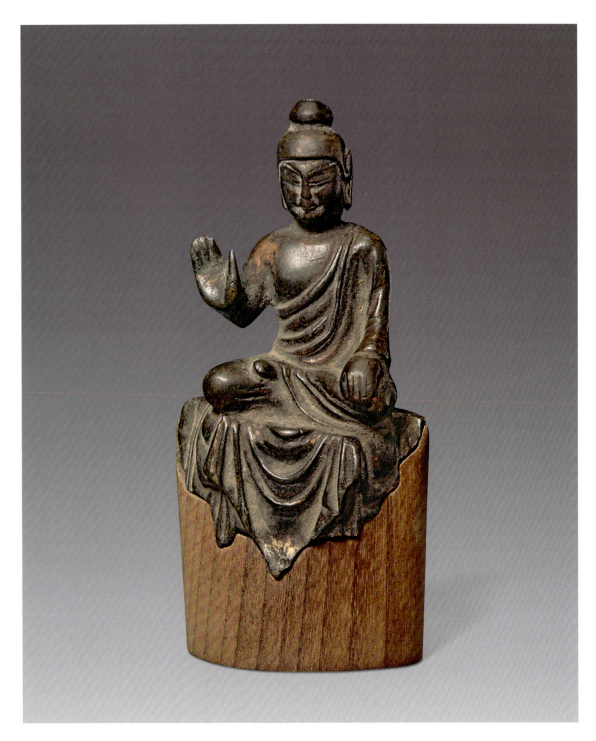

168　铜鎏金佛坐像

唐（公元618～907年）

残高10厘米

故宫博物院藏

佛通体鎏金，高肉髻，着袒右肩袈裟，结跏趺坐，底座及背光残缺。此佛像铸造精美，有唐代佛造像风格，具有比较重要的历史、艺术价值，定为国家馆藏叁级文物。

169　铜水月观音像

北宋（公元960～1127年）

高14.5厘米

故宫博物院藏

菩萨头戴宝冠，冠中现化佛。胸饰璎珞，着长裙。游戏坐姿，体态生动。具有比较重要的历史、艺术价值，定为国家馆藏叁级文物。

170　铜水月观音像

北宋（公元960～1127年）

残高14.5厘米

故宫博物院藏

观音面含微笑，神情安逸，半跏趺坐。左手抚山石座（已失），右臂搭在右膝
上，游戏坐姿。此像具有比较重要的艺术价值，定为国家馆藏叁级文物。

171　铜大日如来像

14世纪

高21、宽14.2厘米

中国国家博物馆藏

　　密宗大日如来，又称"光明遍照"，音译为"毗卢遮那"，是五方佛的主尊。这尊佛像头戴宝冠（已残），束发上有法轮，这是大日如来的标志。冠带左右曲折飘浮，上下有四朵小花。佛眉间有白毫，袒上身，戴项圈、璎珞、臂钏、手镯。长裙裹膝，结跏趺坐于莲台上，双手结智拳印。莲台为束腰仰覆式，莲瓣较小，制作略粗糙。具有比较重要的艺术价值，定为国家馆藏叁级文物。

172　铜鎏金大黑天像

15世纪

高20、宽14厘米

中国国家博物馆藏

　　大黑天头戴五骷髅冠，一面三目，发须似火焰，上身袒，披长帛，身挂人头链，手持骷髅碗和钺刀，蹲立，下身着虎皮裙，身以蛇为饰，象征降服一切魔障。这尊造像工艺精细，具有比较重要的历史、艺术价值，定为国家馆藏叁级文物。

173 铜鎏金不空成就佛坐像

15世纪

高18、宽13.5厘米

中国国家博物馆藏

不空成就佛，为五方佛之一，居北方，具有成所作智。佛头戴宝冠，冠带飘于两侧，面有白毫相，袒上身，戴有项圈、璎珞、臂钏、手镯。右手施无畏印，左手结禅定印，长裙裹膝，结跏趺坐于莲台上。背后有帛带成圆弧形，绕臂垂于身两侧。莲台束腰，仰覆莲，上沿有联珠纹。冠花有铜线相连，帛带有铜柱支撑，这种工艺在西藏西部通常使用。对研究西藏造像具有比较重要的历史、艺术价值，定为国家馆藏叁级文物。

174　铜药师佛像

16世纪

高20、宽14.5厘米

中国国家博物馆藏

　　佛高肉髻、螺发，眉间有白毫相，袒右肩，披袈裟，左手托钵，右手持药草，结跏趺坐于束腰莲台上，莲台为仰覆莲，双层莲瓣，尖部上卷，圆润自然。整体造像面部肃穆，袈裟纹饰简单，莲台处理精细。具有比较重要的历史、艺术价值，定为国家馆藏叁级文物。

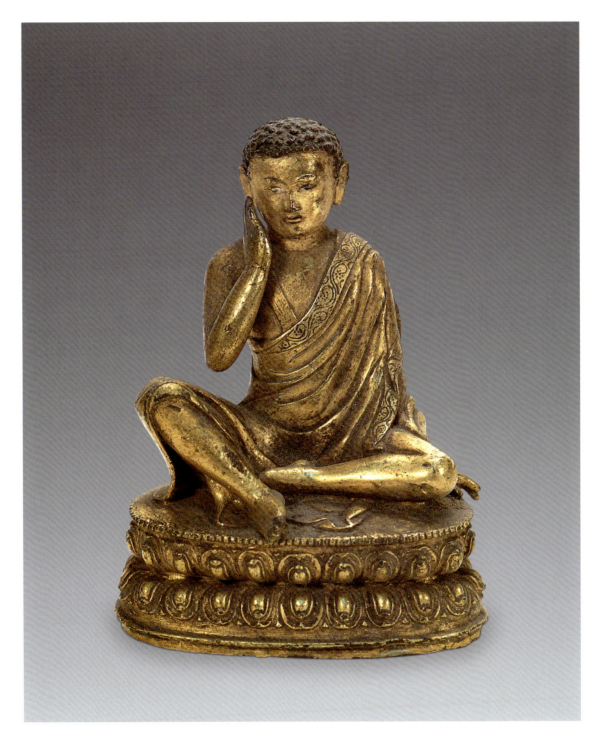

175 铜鎏金米拉日巴像

16世纪

高11、宽8.5厘米

中国国家博物馆藏

米拉日巴（1040～1123年），后藏贡塘人，藏传佛教噶举派著名
高僧，以唱歌的方式传道。这尊造像头发卷曲，面部表情肃穆，右手
举耳旁，此为米拉日巴的标志。袒右肩，着僧袍，结轮王坐姿于莲台
上。具有比较重要的历史、艺术价值，定为国家馆藏叁级文物。

176 铜阿弥陀佛像

17世纪

高22.5、宽16厘米

中国国家博物馆藏

佛高肉髻，眉间有白毫相，双耳垂肩，面相消瘦，袒右肩，斜披袈裟，袈裟有花纹边饰，裙腰齐胸，双手结禅定印托钵，结跏趺坐于莲台之上，莲台为束腰，上为重瓣莲花，下为荷叶。具有比较重要的历史、艺术价值，定为国家馆藏叁级文物。

177 铜关羽坐像

明（1368～1644年）

高26厘米

山东省青州市博物馆藏

关羽头戴冠，三缕长髯，表情威严，身披战甲，左腿屈盘，左手叉腰，右手抚膝，坐于四足方座上。从造像风格和质地分析应为明末所造。明末雕塑技艺普遍衰退，但此像的神态表现尚佳，铸造较为工整，具有比较重要的历史、艺术价值，定为国家馆藏叁级文物。

178 石雕真武大帝坐像

明（1368～1644年）

高81、宽50厘米

中国国家博物馆藏

玄武为古代北方之神，自宋以后逐渐定型为披发、官服、倚坐的形象。此像造型简练，工艺尚佳，具有比较重要的历史、艺术价值，定为国家馆藏叁级文物。

179 石雕道教女神像

明（1368～1644年）

高115、宽58厘米

中国国家博物馆藏

此像束发，身着女服，肩搭帔帛，双手执笏板，足着云履倚坐。面庞圆润，表情恬静，表现了道教女神的形象，具有比较重要的历史、艺术价值，定为国家馆藏叁级文物。

180　铜碧霞元君像

明（1368～1644年）

高37.2厘米

山东省青州市博物馆藏

碧霞元君为泰山主供女神，明代北方铸造尤多。此像头戴凤冠，面相丰满，身着明代的妇女装束，手执笏板，倚坐于方台座上。整体造型端正简练，线条流畅，具有比较重要的历史、艺术价值，定为国家馆藏叁级文物。

181 铜彩绘紫亓元君立像

明（1368～1644年）

高34厘米

湖北省武当博物馆藏

紫亓元君为道教中的天神。此像束发，高髻，面相丰满，上着短衫，下着长裙，双手持乐器，为女官形象。造型简练，衣饰朴素，具有比较重要的历史、艺术价值，定为国家馆藏叁级文物。

182 铜敷彩太子读书坐像

明（1368～1644年）

高55厘米

湖北省武当博物馆藏

此像头梳双髻，表情天真质朴，身着交领袍服，结跏趺坐于四足台座上。左手持书籍，右手似指点状，姿态生动，题材少见。当是真武太子读书状，具有比较重要的历史、艺术价值，定为国家馆藏叁级文物。

183 铜漆金黑虎元帅赵公明立像

明（1368～1644年）

高57厘米

湖北省武当博物馆藏

武财神赵公明大元帅又称扶天广圣真君。但"扶天广圣真君"只是清微派的专称，而神霄所传都尊为"正一金轮如意赵玄坛"，或者因将军骑黑虎所以就直接称"黑虎玄坛"。

此像即是武财神赵天君，他头戴幞头，身着铠甲，肩搭帔帛，手执钢鞭，威风凛凛，站立于四足台座上。造型刚劲有力，表情生动，具有比较重要的历史、艺术价值，定为国家馆藏叁级文物。

184　铜饰金金灵官站像

明（1368～1644年）

高52厘米

湖北省武当博物馆藏

　　金灵官是道教中的护法神，在武当山特别受尊崇。此像头戴帝王冠，身着铠甲，表情凶悍，面目夸张。右手上扬持兵器，姿态生动有力，做工质朴，是明代民间雕刻之作。具有比较重要的历史、艺术价值，定为国家馆藏叁级文物。

185 铜侍女站像

明（1368～1644年）

高73厘米

湖北省武当博物馆藏

此像头梳双髻，表情天真可爱，呈女童形象。内着长裙，外罩云肩短衣，双手捧三角巾，上置莲花盏，站立于四足台座上。此像造型质朴，生动有力，具有比较重要的历史、艺术价值，定为国家馆藏叁级文物。

186 铜漆金侍卫立像

明（1368～1644年）

高68厘米

湖北省武当博物馆藏

此像为主像两侧的护法神将，为老年形象。束发戴冠，身着铠甲战袍，双手持仪仗或刀枪站立于四足台座上，姿态有力，表情生动。具有比较重要的历史、艺术价值，定为国家馆藏叁级文物。

187　铜漆金侍卫立像

明（1368～1644年）

高68厘米

湖北省武当博物馆藏

此像为主像两侧的护法神将，与左像对称，为青年形象。束发戴冠，身着铠甲战袍，双手持仪仗或刀枪站立于四足台座上，姿态有力，表情生动。具有比较重要的历史、艺术价值，定为国家馆藏叁级文物。

188 木雕彩绘送子娘娘坐像

明（1368～1644年）

高87厘米

湖北省武当博物馆藏

道教中掌管生子的神称"送子娘娘"，婚后久不生育的妇女多向她烧香求子。其职能相当于佛教中的送子观音。此像高束发，身着圆领袍服，束带，抚膝而坐，右手抱一婴儿。此像虽有残损，仍具有比较重要的历史、艺术价值，定为国家馆藏叁级文物。

189　铜漆金四臂灵官站像

明（1368～1644年）

高66厘米

湖北省武当博物馆藏

灵官是道教的护法神将，有多位，形象各异。常置于山门之内，镇守道观，其作用相当于佛教中的韦陀。

此像为四臂，手中各持法器（失落）。怒目圆睁，表情狰狞可畏。身着短衣，下着裙，足登皂靴，站立于四足方台座上。此像姿态生动有力，惜略有残损，具有比较重要的历史、艺术价值，定为国家馆藏叁级文物。

190　木雕彩绘捧印女官像

明（1368～1644年）

高90厘米

湖北省武当博物馆藏

女官头簪花，内着裙，外罩华
丽大衣，肩部披云肩，饰璎珞项
链，双手捧印。体态雍容华贵，表
情和蔼、静穆，较好地体现出女官
的身份和精神世界。具有比较重要
的历史、艺术价值，定为国家馆藏
叁级文物。

191　木雕彩绘土地神像

明（1368～1644年）

高58厘米

湖北省武当博物馆藏

　　土地像为古代神话中管理山川郊社之神，旧俗祭祀土地可保五谷丰登。此尊土地像被塑成一长者形象，头戴折檐帽，长髯飘逸，双耳下垂，面相慈祥、忠厚，是民俗美术的资料。具有比较重要的历史、艺术价值，定为国家馆藏叁级文物。

192 铜敷彩捧药葫芦童子立像

明（1368～1644年）

高78厘米

湖北省武当博物馆藏

童子束独髻，面相丰润，表情天真可爱，充满稚气。身着交领内衣，外罩双领长服，足登靴。双手捧药葫芦，是道教炼丹师旁边的侍童。题材较为少见，具有比较重要的历史、艺术价值，定为国家馆藏叁级文物。

193 石雕达摩像

明（1368～1644年）

高80、宽37厘米

中国国家博物馆藏

达摩为印度西来高僧，曾在少
林寺面壁十年，被称为禅宗初祖。
此像头戴风帽，袒胸，双手作禅定
印，面部着重表现饱经风霜的老僧
形象，较为生动。具有比较重要的
历史、艺术价值，定为国家馆藏叁
级文物。

194　铜旃檀佛立像

18世纪

高15.5、宽6.5厘米

中国国家博物馆藏

释迦牟尼成道后，上忉利天宫为母说法，优填王思念他，命工匠用旃檀木雕造了一尊释迦牟尼像。其形象特征为右手上扬施无畏印，左手下垂施与愿印，着圆领通肩大衣，衣纹在胸前呈"U"形，大衣紧贴身，下着长裙。此种样式的释迦像称旃檀佛像。这尊立像虽座已失，仍具有比较重要的历史、艺术价值，定为国家馆藏叁级文物。

195　铜鎏金宗喀巴造像

18世纪

高30、宽27厘米

中国国家博物馆藏

宗喀巴（1357～1419年），藏
传佛教格鲁派创始人。本名"罗桑
扎巴"，生于青海省湟中县。幼时
出家，十六岁赴西藏深造，倡导戒
律，改革宗教。1409年在拉萨建甘
丹寺，建立格鲁派。该尊造像髡
首，双手作说法印置于胸前，右有
莲花托剑，左有莲花托经，以示宗
喀巴为文殊菩萨的化身。宗喀巴僧
袍裹膝，结跏趺坐于莲台上。此像
保存完好，具有比较重要的历史、
艺术价值，定为国家馆藏叁级文
物。

196 **铜鎏金达摩多罗像**

18世纪

高21、宽16厘米

中国国家博物馆藏

　　达摩多罗相传是十六尊者的侍者，是一位在家修行的女居士，后被纳为藏传佛教的十八罗汉之一。造像梳发髻，披大袍，右手持拂尘，左手托宝瓶，倚坐在岩座上，后背一箱，下蹲一虎，显示其对佛教的真诚，对研究藏传佛教的题材提供了形象资料，具有比较重要的历史、艺术价值，定为国家馆藏叁级文物。

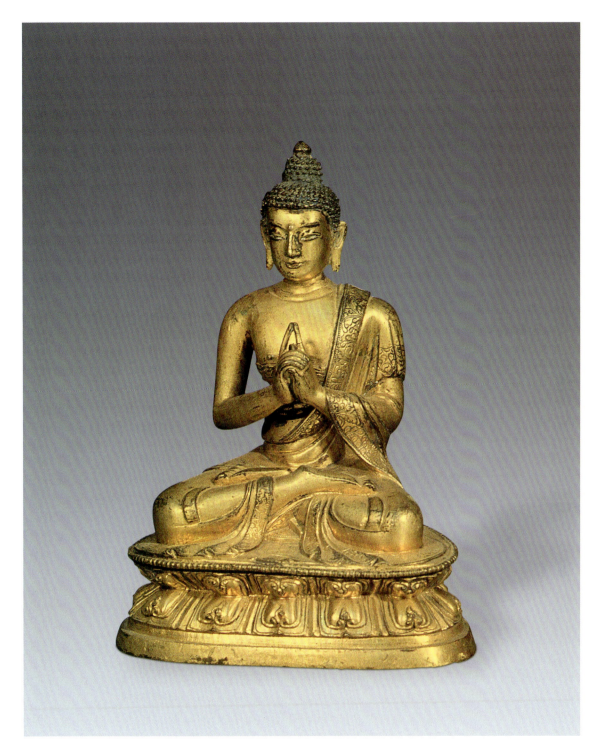

197 铜鎏金毗卢遮那佛像

18世纪

高16、宽12厘米

中国国家博物馆藏

佛祖右肩，斜披袈裟，袈裟有花边纹饰。结智拳印，为金刚界大日如来，表示佛的智慧。结跏趺坐，莲台为束腰仰覆莲，裙腰齐胸，裙摆散于莲台上，保存完好。具有比较重要的历史、艺术价值，定为国家馆藏叁级文物。

198　铜上乐金刚像

18世纪

高14.8、宽8.7厘米

中国国家博物馆藏

　　上乐金刚又称胜乐金刚，为五部金刚之一。此像高束发，四面，每面三目，呈忿怒相，上身袒，有八臂，上两手一手握人手，一手握人脚，背披人皮，前两手一手持铃，一手持杵交叉在胸前，怀抱骷髅杖，身挂人头链，下身腰系帛带，全身多处缠蛇，象征降服毒龙，两腿弓立，脚下踏大自在天与天妃，下为莲台。这尊造像虽臂有缺损，手中法器不明，仍具有比较重要的历史、艺术价值，定为国家馆藏叁级文物。

199 铜鎏金将军宝像

18世纪

高19、宽5.8厘米

中国国家博物馆藏

将军宝是七珍之一。造像为一武士，头戴盔，身着铠甲，右手持剑，左手持盾，单跪在莲台之上，莲台为一朵盛开的莲花，底为覆莲座。造型别致，保存完好，具有比较重要的历史、艺术价值，定为国家馆藏叁级文物。

200 铜鎏金阿底峡像

18世纪

高16、宽11.7厘米

中国国家博物馆藏

阿底峡（公元983～1055年），印度僧人，曾任那烂寺和超岩寺住持。1038年受阿里古格王朝王子的邀请入藏传法，在藏17年，后病逝在西藏聂塘。这尊造像头戴尖顶圆僧帽，帽子上有四道凸起的圈纹，面部表情肃穆。身穿僧衣，双手胸前结说法印，结跏趺坐于莲台上，莲台为仰覆式。具有比较重要的历史、艺术价值，定为国家馆藏叁级文物。

201　铜胎珐琅罗汉坐像

清（1644～1911年）

高16.1厘米

故宫博物院藏

　　罗汉像为铜胎嵌丝珐琅，低头沉思，衣袖宽大，袖手。工艺细腻，装饰性强，嵌丝
珐琅人物较为少见。此像具有比较重要的历史、艺术价值，定为国家馆藏叁级文物。

一般文物

202　铜鎏金徐桃棒造佛像背光

北魏·熙平元年（公元516年）

高10.4厘米

故宫博物院藏

像已失，只存背光。背光外缘线刻火焰纹，中间为三尊禅定佛。背面有发愿文"熙平元年……徐桃棒……造像一区（躯）……"。此像背光纹饰特殊，并有纪年铭文，具有一定的历史、艺术价值，定为国家馆藏一般文物。

203　石菩萨像残件

北魏（公元386～534年）

残高11.5厘米

河北省曲阳县修德寺遗址出土

故宫博物院藏

菩萨头断失，帔帛呈双"U"形在腹前交叉，一手执莲蕾，足部以下均断失。此残件有时代特征，具有一定的历史、艺术价值，定为国家馆藏一般文物。

204　铜鎏金菩萨立像

北齐（公元550～577年）

残高9.4厘米

故宫博物院藏

菩萨身披璎珞，施无畏与愿印，立于圆形覆莲座上。此像背光与方座残缺较重，像身尚保留完整，具有一定的历史、艺术价值，定为国家馆藏一般文物。

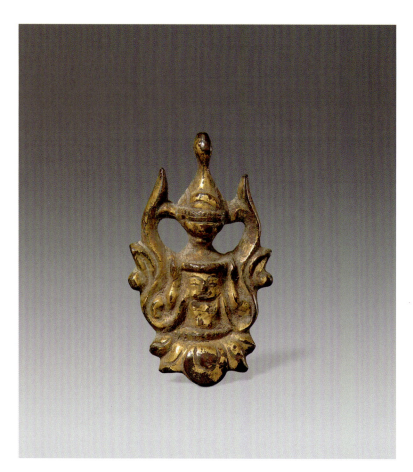

205　铜鎏金化生童子托博山炉

北齐（公元550～577年）

高4.5厘米

故宫博物院藏

童子头顶博山炉，莲花下有插榫，应为佛造像座前的配件，具有一定的历史、艺术价值，定为国家馆藏一般文物。

206 石菩萨像残件

隋（公元581～618年）

高19、宽18、厚14厘米

四川省成都市万佛寺遗址出土

四川博物院藏

三尊菩萨均坐于莲台上，或梳高髻，或戴风帽，中间菩萨右手执经卷。具有一定的历史、艺术价值，定为国家馆藏一般文物。

207 陶佛像

隋（公元581～618年）

高11.6厘米

故宫博物院藏

善业泥做龛形，内有一坐佛，两旁立二弟子和二菩萨，佛座下有香炉、二护法狮。此像残缺较重，具有一定的历史、艺术价值，定为国家馆藏一般文物。

208　石力士像残件

唐（公元618～907年）

残高17.5厘米

河北省曲阳修德寺遗址出土

故宫博物院藏

　　力士腰系战裙，胸肌发达。此像圆雕技术娴熟，时代特征突出，具有一定的历

史、艺术价值，定为国家馆藏一般文物。

209　铜佛坐像

　　唐（公元618～907年）

　　高5.3厘米

　　故宫博物院藏

　　佛像着袈裟，宝珠形项光，施禅定印，结跏趺坐于仰莲座上。此像虽小，仍具有一定的历史、艺术价值，定为国家馆藏一般文物。

210　铜鎏金胁侍立像

　　唐（公元618～907年）

　　高5.7厘米

　　故宫博物院藏

　　桃形镂空背光，帔帛顺体侧呈波浪式下垂至足，从右肩至左膝斜披璎珞，双手合什，着长裙，立于仰覆莲座上，座下有插榫。此像具有一定的历史、艺术价值，定为国家馆藏一般文物。

211　铜鎏金佛像背光

　　唐（公元618～907年）

　　高10.2厘米

　　故宫博物院藏

　　像已失，现只剩背光。背光镂空，上有化佛，四周为火焰纹，鎏金脱落，具有一定的历史、艺术价值，定为国家馆藏一般文物。

212　铜鎏金天王像

　　唐（公元618～907年）

　　高5厘米

　　故宫博物院藏

　　天王身披明光甲，下着战裙，身向右倾，弯臂握拳，具有一定的历史、艺术价值，定为国家馆藏一般文物。

213 木雕彩绘菩萨坐像
明（1368～1644年）
高24.8厘米
故宫博物院藏
此像剥彩较重，像身多处开裂，右臂缺，左小臂残，头戴花蔓冠，结跏趺坐，具
有一定的历史、艺术价值，定为国家馆藏一般文物。

214 木雕彩绘罗汉像

明（1368～1644年）

高21.5厘米

故宫博物院藏

罗汉内着右衽衫，外披右袒式袈裟，双手残缺，剥彩较重，具有一定的历史、艺
术价值，定为国家馆藏一般文物。

215　木雕描金佛坐像

明（1368～1644年）

高11厘米

故宫博物院藏

佛像着双领下垂袈裟，坐于仰莲座上，剥金、伤缺较重，具有一定的历史、艺术价值，定为国家馆藏一般文物。

216 铜汉钟离像

明（1368～1644年）

高24.7厘米

山东省青州市博物馆藏

汉钟离为八仙之一，姓钟离
名权，号"和谷子"，元世祖时
被封为"五祖七真"。他曾变幻
为江湖卖药者，医术极佳，且不
取分文，深受民间喜爱，其形象
为一手执芭蕉扇，一手执仙桃灵
药。此像头梳两髻，手中执芭蕉
扇，身材矮胖，袒腹，生动地表
现了汉钟离放纵不羁、浪迹江湖
的形象，具有一定的历史、艺术
价值，定为国家馆藏一般文物。

217 铜刘海立像

明 （1368～1644年）

高14.3厘米

山东省青州市博物馆藏

　　刘海蟾本名刘元英，自号"海蟾子"，其故事可溯至五代，在民间影响深远，流传广泛。此像手中执物（已不全），一足站立在金蟾上，作工较普通，具有一定的历史、艺术价值，定为国家馆藏一般文物。

218　木雕加彩裸体女像

明（1368～1644年）

高63厘米

湖北省武当博物馆藏

女像束发，双乳下垂，袒腹，下身残损，可能表现的是坠入地狱的人物，题材少见，具有一定的历史、艺术价值，定为国家馆藏一般文物。

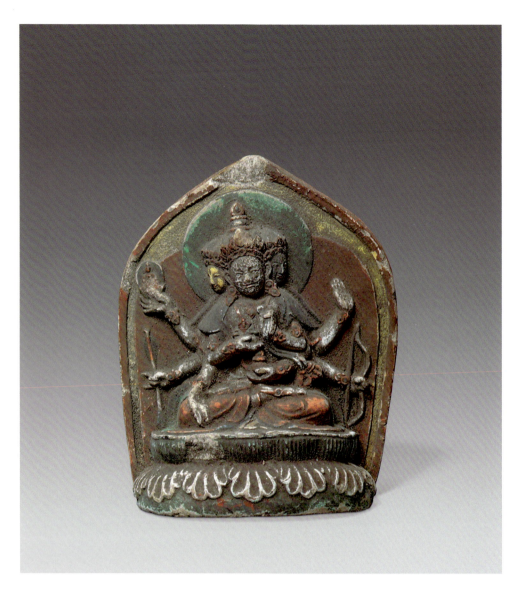

219 陶尊胜佛母像

清（1644～1911年）

高9.5厘米

故宫博物院藏

佛母三头八臂，结跏趺坐。头戴花蔓冠。前二手：右托十字交杵，左执绦绳；后六臂：右上托化佛，右中执箭，右下结与愿印，左上施无畏印，左中执弓，左下托宝瓶。此像剥彩、伤缺较重，具有一定的历史、艺术价值，定为国家馆藏一般文物。

220　铜鎏金释迦牟尼立像

　　清（1644～1911年）

　　高17.5、宽5.2厘米

　　中国国家博物馆藏

　　佛高肉髻，面相庄重，着圆领通肩大衣，内着长裙，右手已失，左手结与愿印，足下佛座不存。此像具有一定的历史、艺术价值，定为国家馆藏一般文物。

编　后　记

　　《文物藏品定级标准图例·造像卷》在编辑过程中，得到了国家文物局各级领导的支持，得到了故宫博物院、国家博物馆、四川博物院、武当博物馆、青州市博物馆、文物出版社、北京汉高古风文化发展有限公司等单位的大力支持。

　　在编辑过程中，王家鹏、吕品、华义武、王鹏等参加了此卷审稿会。赵立业先生协助图片的审核和部分拍照工作。

　　在编辑室工作的王寅、张克义、王紫岩，以及故宫博物院胡国强为此卷出版付出了劳动。

　　在此一并表示感谢。

编辑委员会

2010年国庆节前夕